# 夢体脱

Yume Taidatsu　Sora Takaha

高羽そら

ハート出版

# 夢体脱

# はじめに

この本では体外離脱という語句を使用しますが、その現象がどのようなものかを私の体験を通じて紹介します。最後まで読まれた皆さんが、「**なんだ、不思議でも恐ろしい現象でもなく、誰にでもできることなのか。よし、ちょっと挑戦してみようかな**」という感想と遊び心を持っていただけたら嬉しいです。

私の日課は、早朝4時半頃にベッドを出て90分間の瞑想をすることです。そして毎日ではありませんが、もう一度ベッドに戻り、肉体はそのままの状態で意識だけベッドから出ます。そして自宅マンションの10階のバルコニーに立ち、手すりを乗り越えて飛び立ちます。

透明のクッションに抱かれたような浮遊感に浸りながら心地よい風と優しい光に包まれ、どこまでも広がる空を飛び続けます。飛び続けた先に待っているのは、私の過去生だったり、亡くなった人だったり、私を見守るガイド、妖精達、あるいは宇宙人の場合もあります。

これらは私が日常的に体験していることです。このような体験を一般的には幽体離脱、あるいは体外離脱と表現しています。

体外離脱は様々なスピリチュアル系の本で取り上げられ、それぞれに定義付けされています。

科学的に検証を試みた本もあれば、いわゆる魂が身体から抜け出るものだとするオカルト的な解釈をしている本もあります。あるいは、荒唐無稽な単なる脳内現象だと説明されることもあります。ただし共通しているのは、肉体から意識が離れるという感覚を経験して、物理法則に影響されない非物質的な体験だということです。

私が初めて体外離脱を体験したのは、2009年4月21日のことです。それから1年で約100回のペースで体験を重ね、現在では記録に残しているだけで250回を越えています。本文で後述するアメリカのロバート・モンローさんは、亡くなるまでの間900回以上の体外離脱を体験されていますので、私はまだまだ足元にも及びませんが。

もうひとつ、私が日々経験しているものに「明晰夢《めいせきむ》」があります。これは医学的にも検証されている用語ですが、**夢を見ている時にその体験が夢だとはっきり気がつく現象**です。私は子供の頃からひんぱんに明晰夢を体験していましたので、夢を見ている時に夢だと気がつくのは普通のことだと思っていました。しかし成人してから周囲の人に聞いてみると、私のようにひんぱんに明晰夢を体験している人は意外に少ないことに気がつきました。

明晰夢というのは楽しい体験です。夢だと気づいた瞬間、その世界はある程度自分の思うままになります。『インセプション』という映画を観られた方ならイメージしていただきやすいと思います。まさにこの映画の世界観が、明晰夢の実態を正確に伝えています。何もない海に島を出現させ、中世ヨーロッパの城や街を再現し、その島に『不思議の国のアリス』に出てくるような人物達を登場させてハラハラドキドキのファンタジーを体験することができます。これは私が実際に体験した出来事です。

体外離脱と明晰夢。この2つは一見関連性がないと思われています。でもどちらもひんぱんに体験している私にとって、実はまったく同じ現象です。そこに至る過程が違うだけで体験は同じです。**日常の意識を保ったまま夢の世界に入るか、一度眠ってから夢の中で日常の意識を取り戻すかの違いだけです。**

この本はいかにして夢の世界（明晰夢と体外離脱の世界）に入ることができるかを取り上げたものです。夢の世界は多次元に及び、その大きさははかり知れません。そして**夢の世界は、精神世界の分野で扱われているすべての分野に通じる入口**であると確信しています。

夢は誰でも見ることができます。霊能力も超能力も必要ありません。悟りを開いた聖者に教えを請わなくても体験できます。心地よいベッドと布団と使い慣れた枕があれば十分です。私のように普通の人間が、少しの根気と努力で驚くような体験をすることができます。そして大げさに聞こえるかもしれませんが、その体験がこの世に生まれてきた目的を知り、その実現に役立つものと信じています。

この本で紹介する理論やテクニックは、あくまでも私の経験に基づいた仮説であり、個人的な体験だということを理解しておいてください。非物質的体験は主観的な体験であり、すべての人にあてはまるノウハウは基本的に存在しません。しかしながら、参考にしていただける部分がたくさんあると思います。

この本に書いてあるのは、夢の世界を探索するために、私がコツコツと作成してきた「夢への地図」です。私達が目指す目的地は一人ひとり違いますし、歩む道も同じではありません。でも初めて夢の世界に踏み込む方にとって、「夢への地図」があれば道に迷うことなく目的地へ進んでいけます。

ただし、私のこの「夢への地図」はまだ完成途上で、しかも日々少しずつ変化しています。ですから皆さんは、それぞれに「夢への地図」を作っていただけたらと思います。

そして各人が作り上げた「夢への地図」は、重ね合わせることができます。重ね合わせることで、より正確な地図となります。そしてすべての「夢への地図」を重ね合わせた時、そこには真の宇宙が表現されているような気がします。その時人間は気がつくのかもしれません。この現実世界も「夢」だったことを。

# 新装改訂版によせて

驚くことに、２０１２年に『夢で会える　体外離脱入門』を執筆してから12年という月日が経過しました。当時50歳になろうとしていた私も還暦を過ぎました。この12年という時間は、私たちが子供の頃の12年とは比較になりません。とてつもないスピードで多くのことが変化しています。それゆえ私自身も、当然ながら当時と同じ人間ではありません。

例えば毎朝午前４時半に起床するのは同じです。でも今は瞑想ではなく、その時間を読書に充てています。体外離脱の回数は記録しているだけで２５０回だと述べていましたが、１０００回を超えた時点で数えることをやめてしまいました。明晰夢に至っては、日常的に見ています。

この度ハート出版さんから、この本の新装改訂版を出版しないかという御依頼をいただきました。すでに絶版状態となっていましたが、昨今になって明晰夢等に関心を持つ方が増えたことで、拙著の復活を後押ししていただけたと感謝しています。

そこで執筆から12年経過したことを受けて、旧著での記述を現代に即したものに加筆修正しています。さらに体外離脱に比べて明晰夢にどのような利点があるかについて、この新装版で新たに書かせていただきました。

そしてせっかくこのような機会をいただいたので、以前に記したノウハウだけでなく、夢体脱をこの12年間継続して経験してきた私の「気づき」を伝えるべきだと思いました。それは過酷でとても苦しい道でした。そしてもがきながらも、その答えを見つけることができました。
その答えがどのようなものかについて、追加したChapter:9に記しました。私のこの体験を共有させていただくことによって、一人でも多くの方が自らの光を見出してくださることを願っています。

2023年7月吉日　高羽　そら

# CONTENTS



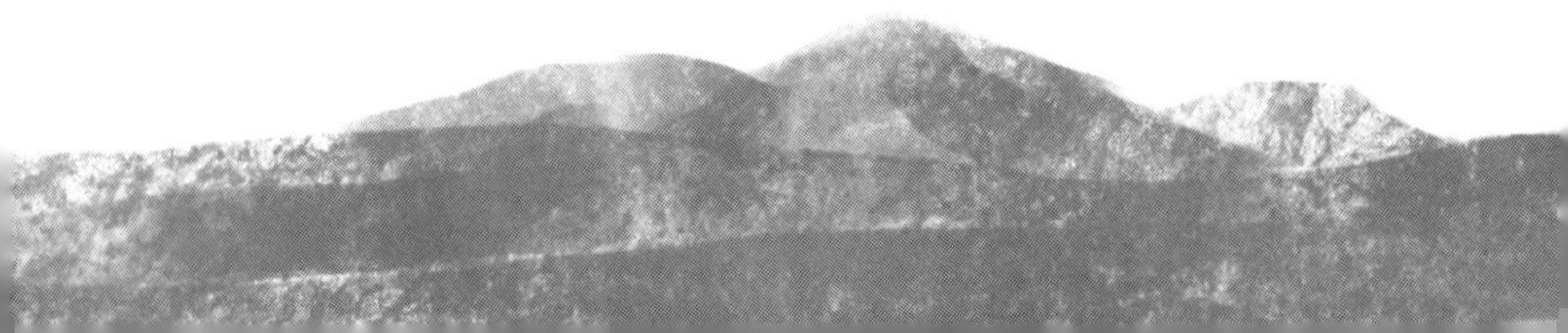

## CHAPTER:5 体外離脱を体験する方法

## CHAPTER:6

## 「思い込み」を利用した実践



## CHAPTER:7

## 非物質世界の住人達との交流

CHAPTER:1

# すべてはヘミシンクから始まった

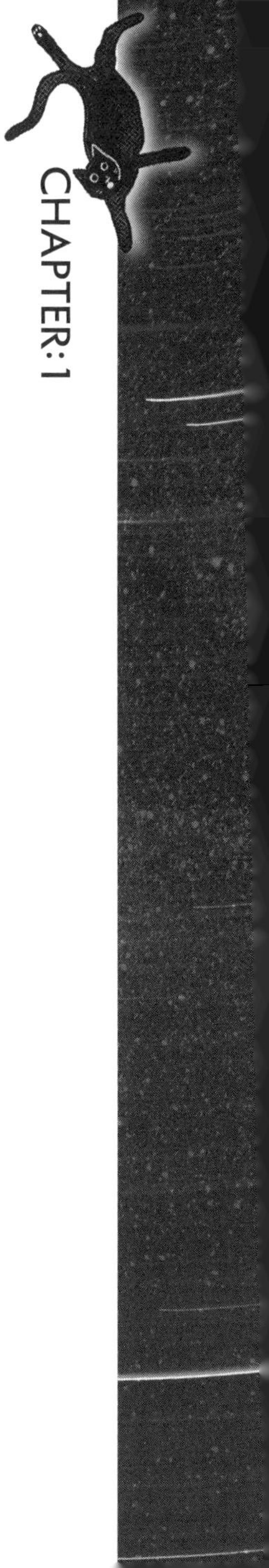

## ヘミシンクとの出会い

体外離脱と明晰夢について私の体験を述べるにあたって、ヘミシンクというツールを抜きにして語ることはできません。特に体外離脱の体験は、ヘミシンクを始めたことが大きなきっかけとなりました。

読者の皆さんはヘミシンクをご存知でしょうか？　精神世界の書物に関心のある方なら、一度は目にされたことがあると思います。

私はヘミシンクトレーナーではありませんし、ヘミシンクのシステムを一括管理しているモンロー研究所との代理店契約もしていません。それゆえヘミシンクのテクニックについては詳しく語る立場にありません。ヘミシンクについては、あくまでも私の体験談として書かせていただきますのでご理解ください。

ヘミシンクとはアメリカのロバート・モンローさんが考案されたものです。

はじめににも書きましたが、モンローさんは体外離脱を900回以上体験された方です。そのモンローさんの体験に基づいてシステム化されたツールがヘミシンクというもので、これを聴くことで人間の意識を変性意識状態に移行させせることができます。

両耳に違う周波数の音を聴かせることにより、脳がその周波数の差に同調するという「バイノーラル・ビート」を応用したものです。モンローさんが体外離脱を体験している時の脳波を分析することにより、同じ脳波を他の人が体験できるようにフィードバックされています。現在はモンロー研究所という機関が、CDの販売やセミナー等を管理運営しています。日本では「アクアヴィジョン・アカデミー」などを中心にモンロー研究所の公認トレーナーの方がいらして、積極的にセミナーが開催されています。

私がヘミシンクを知ったのは、坂本政道さんの『死後体験』（ハート出版）という著書を通じてです。その本が出版された当初に読みましたが、合理的で理解しやすいシステムでしたので是非やってみたいと思いました。でもその当時は、アメリカのモンロー研究所に行くしか体験する方法がありませんでした。

その後しばらくはヘミシンクのことを忘れていましたが、京都から神戸に引っ越した直後の2009年1月、書店でまるの日圭さんが書かれた『誰でもヘミシンク』(ハート出版)という本に出会いました。その書籍でヘミシンクの日本語版CDが発売されているのを知りました。

そこで、その年の2月からヘミシンクを始めることになりました。入門用のCD「ゲート・ウェイ」シリーズは全巻揃えるとかなりの金額ですが、妻と相談して購入しました。

そして、妻と2人でのヘミシンク生活が始まりました。

## セミナーへの参加とヘミシンク体験

独学で体験を深めることを決意しましたが、やはり基礎だけでもセミナーを受けたほうがいいのではないかと思い始めました。そんな時に不思議な明晰夢を見ました。その時の日記(明晰夢)より抜粋します。なお、本書で紹介する体験談は、一般に公開したブログだけでなく、個人的な記録用の日記も含まれています。ですから原文によって文体が違っていて読みづらいと思いますが、ご了承いただければと思います。

俳優のマット・デイモンに似た鼻の高い外国人の男性と会った。空は真っ青で太陽光が心地いい。そこは街路樹が美しく立ち並び、整備された小綺麗な遊歩道だった。

その男性は「ヘミシンクのセミナーを受講するための検査をしてあげよう」と話しかけてきた。そして私の頭を両手でつかんで何やら検査を始めた。

「両目の視力は違うが、片方ずつ焦点が合うので大丈夫。特別な日があるので、その日にセミナーを受けなさい」と言われて、「12」という数字を見せられた。まったく意味不明だけれど、セミナーを受けようか？　この男性が私のガイドだったらいいのに。

**ガイドというのは、私達がこの世に生を受けて死ぬ時まで、私達が生まれる前に決めた目的が成就されるよう見守ってくれる非物質世界の存在**です。外国では守護天使、日本では守護霊と呼ばれています。私のガイドについては後述します。

夢が気になってネットで検索すると、アクアヴィジョンのヘミシンクセミナーが大阪で開催されるのを見つけました。日程は2月12日。迷わず申し込みました。

特別な日だという意気込みで参加しましたが、結果は散々でした。同じ初心者として参加している他の人は体験できているのに、私はセッション後のシェアタイムで何も語ることがない状態でした。今思えばそれはそれで意味のあることなのですが、当時の私は失意が大きく、帰りのJRに乗車している時、周囲の冷たい視線に気がつかずに女性専用車両にいつまでも乗り続けているような状態でした。

その後独学でヘミシンクを続けましたが、その年の秋頃まで暗黒の世界が続きました。まったく何も体験ができなかったのです。それでも年末には体験が進むようになり、夏頃までは1日に2セッションは欠かさず聞くという習慣が身につきました。

2009年の11月にはSNSでブログを書くようになりました。そのSNSを通じた交流によって、ヘミシンクの体験がさらに進んできたように思えました。

最初は何も体験できなかったのに、私がそこまでヘミシンクを続けられた理由は何だと思われますか？　それはヘミシンクを始めてほぼ2カ月後、体外離脱を経験するようになったからです。体外離脱というリアルな非物質体験をすることで、このままヘミシンクを続ければ同じ体験ができるかも？　そう思うことでモチベーションを維持できました。

しかし強烈な体外離脱体験と比較すると、ヘミシンクの体験はどこか地味なものでした。そんな状態を打開したくて挑戦が続きました。イメージ力《りょく》が悪い私でしたので、毎晩眠る前にはイメージトレーニングをしたこともあります。その成果もあって、イメージ力が高まると体験も深くなってきました。

とにかくヘミシンクで何かを体験することに必死でした。今から思えば妄想とイメージに、わずかながらの非物質体験が混在したような体験だったと思います。これほど必死だったのは、この体験は本当にヘミシンクの体験なのだろうか、と感じていたからです。その不安を払拭するために、がむしゃらに毎日ＣＤを聴いていたのでしょう。

私の悩みの多くを占めていたのは、ヘミシンク体験が事実かどうかという問いです。何かを体験するたびに、いつもそれが事実なのか確認したい考えに囚われていました。でもいくつかセミナーを受けて経験を重ねることで、そんな問いは必要ないと思えるようになりました。

**非物質世界の体験は、主観的な要素に大きく左右されます。何が正しくて、何が間違っているかを他者が決めることはできません。その体験が自分にとってどういう意味があるのか、そこから何を学べるかです。他の誰かと同じ体験をする必要なんてありません。**

私にとって最後になったヘミシンクのセミナーで、皮肉なことにヘミシンクの自由度に気づきました。そしてその結果、あえてヘミシンク一辺倒から距離を置くことにしました。非物質世界の体験とはどういうものか、見つめ直す絶好の機会になったからです。その結果、自分の得意なことで体験を深めていけばいいと思えるようになりました。

私は非物質体験を通じて何を目指しているのか？　この問いについて真剣に考える機会になりました。その結果、自分の得意とする体外離脱や明晰夢での情報収集を重視すればいい。本心からそう考えられるようになりました。私にとって最後となったヘミシンクセミナーによって、ようやく自分が目指しているものが見え、そしてそのセミナーと、最初に紹介した明晰夢がリンクしたのです。

セミナーは兵庫県の宝塚で開催されました。セミナー会場へと向かう途中に歩いていた遊歩道が、明晰夢でマット・デイモン似の外国人と出会った場所だということに気がつきました。他人の目があるので平静を装って歩いていましたが、本当は驚きのあまり叫び出しそうでした。そのセミナーが開催されたのは2日間で、8月1日と2日です。「12」ですね。こじつけかもしれませんが、私にとっては十分に意味のある数字でした。

## 私にとってヘミシンクとは

さて、以前は毎日ヘミシンクCDを聴いていましたが、現在はCDなしでヘミシンク的な体験を積み重ねています。就寝前や瞑想後にベッドに戻った時、意識を変性意識に移行させてヘミシンクと同じ体験をしています。

ヘミシンクに取り組んでいた時、明晰夢等の変性意識でならリアルなヴィジョン体験ができるのに、CDを聴くとなぜか薄い体験しかできませんでした。もしかしたらヘミシンクには「相性」があるのかもしれないと思い、私なりに分析を試みたことがあります。

**①まずは時間が気になる**

CDはエンドレスではないので、時間が経てば終了します。するとすぐに意識が戻ります。私は時間を気にせず、ゆったりとした気持ちでいないと十分な変性意識へ入れないようです。時間は物質世界特有のものですから、必然的に現実世界を意識することになります。時間を気にすることで意識が現実世界に囚われ、完全な変性意識に移行できないのかなと感じています。

**②それに加えてフォーカスレベルにこだわってしまう性格が邪魔をしている**

フォーカスレベル（フォーカス以下F）とはヘミシンクを開発されたロバート・モンローさんが定義された意識の区分です。例えばF21のCDを聴いて、F27に行くことはできます。私も経験があります。でも、性格的に気になってしまいます。脳波はF21に同調しているのに、本当にF27に行っているの？　そんなつまらないことを考えてしまいます。

**③そしてもう一つ考えられるのは、眠りが浅いという体質**

ヘミシンクを聴いてすぐに眠ってしまう人からするとうらやましいかもしれませんが、眠りが浅いのでヘミシンクCDを聴くと寝落ちよりも、どちらかと言えば意識が覚醒方向に誘導されてしまいます。

以上3つが私なりの分析です。ヘミシンクでの体外離脱がむずかしいのは、そのあたりが影響しているのではないかと思います。ここで私見を述べたのは、私のようにヘミシンクと相性がイマイチという人も多いのではないかと思ったからです。そういう人は一度、相性を点検し分析するといいかもしれません。何らかの解決方法が見つかると思います。

ヘミシンクを始めた時、体験したいことがいくつもありました。

**「自分のガイドに会いたい」**
**「亡くなった人に会いたい」**
**「非物質世界の体験がしたい」**
**「動物と話したい」**

ヘミシンクでもこれらの体験をしました。だけどその体験以前に、リアルな知覚状態でそれらのすべてを体外離脱と明晰夢で体験しています。つまりヘミシンクで体験した時、それらは既に経験済みのことでした。

それでは、**私にとってヘミシンクとは何なのか？**

とても難しい質問ですが、その答えをあえて文字で表現してみます。

**「人生最高の引き寄せツール」**という言葉が当てはまると思います。

先ほど初めての体外離脱は、ヘミシンクを始めた2カ月後に体験したと書きました。しかし、体外離脱という現象自体は以前から知っていて、ずっと経験したいと願っていました。関連書籍を購入して挑戦したこともあります。しかし何度トライしても体験できませんでした。でもヘミシンクを始めた直後から、私の意識に大きな変化が表れ始めました。1カ月も経たないうちに明晰夢でガイドと会っています。その後、体外離脱の前兆を体験して、ついに初めての体外離脱に成功しました。その状況から考えて、**ヘミシンクの体験が体外離脱に大きな影響を持っていたことは明らかです。**ヘミシンクの効果的に構成されたプログラムを実習・体験していくだけで、非物質世界に対する恐怖感や疑いが薄れていきます。そして未知の自分を受け入れていく準備が整うことにより、体外離脱の体験を引き寄せたのでしょう。

## まとめ

- ヘミシンクには「相性」がある
- 体験は他の人と比べず、自分だけの体験として向き合うこと
- 自分のガイドや亡くなった人に会える

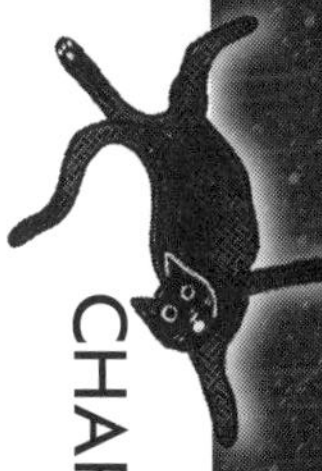

CHAPTER:2

# 体外離脱&明晰夢とは?

## 夢体脱で体験できること

それでは体外離脱と明晰夢について具体的に述べていきたいと思います。先にお断りしておきます。はじめにで書いたように、体外離脱と明晰夢は体験が始まると同じ現象です。したがってその両方に共通することを書く時は、**夢体脱**として表記しますのでご了承ください。独自の特化した体験については、どちらの現象について説明しているかを明記します。

まずは夢体脱でどのようなことが体験できるかを説明します。何ができるのかわからないと、やってみようとも思わないでしょうし、そもそも楽しくないですからね！　そして夢体脱の楽しさを知っていただくと共に、恐れるものではないことを理解していただければ嬉しいです。私の経験を中心にして、夢体脱で体験できることを紹介していきます。

まず何と言っても楽しいのは**空を飛ぶ**ことです。物理法則に縛られた人間にとって、どれだけ頑張っても自力ではできないことですから。

夢体脱で空を飛ぶ時、私はいつも自宅マンションのバルコニーから飛び立ちます。ただしその前に大切な儀式があります。リビングからバルコニーに出る時、閉じたままのガラス戸に頭から突っ込みます。その勢いで無事に外へ抜け出ることができたら、体外離脱中ということです。体外離脱の知覚は現実並みにリアルですので、空を飛ぶ際にこの確認は欠かせません。まだ死にたくありませんからね。

我が家は10階ですので、バルコニーから飛び立つだけで気分爽快です。勢いよく飛び出した瞬間に感じる独特の浮遊感。この気持ち良さは言葉では語り尽くせません。そして全身に心地よい風を感じて空を飛んでいると、日常の雑多な出来事がどうでもいいように思えるほどの解放感を味わえます。人間ってこんなに自由な存在なんだ、と実感できる素晴らしい経験です。

その次に面白いのは壁を抜けたり、ガラス戸を抜けたりすることです。幽霊のように自由自在に**壁抜け**ができます。でも慣れるまではコツがいります。不安を感じると失敗するので、私も初めての体外離脱の時は網戸に引っかかって抜け出すのに相当苦労しました。

空を飛んだり、壁を抜けたりすることはいかにも非物質の体験ですが、日常と同じようなこともリアルに体験できます。例えば**食事**です。

私が初めて体外離脱中に食事の経験をしたのは、非物質世界のパン屋さんでした。街を歩いていると、ヨーロッパを感じさせる素敵なお店が見えました。中に入ると焼きたてパンの香りに包まれました。猛烈に食欲が刺激されます。店員さんとお客さんが楽しそうに談笑していて、私に気づいていません。私は食欲に抵抗できず、ついチョコクロワッサンを1個手に取ってしまいました。完全に窃盗ですよね。

そのまま店を離れてから路上で食べました。そのパンの美味しいこと。現実世界でこんなパンを食べたら、私は毎日その店に通うだろうと思います。ちなみに現在は夢体脱の最中に黙って店の商品を食べたりしません。店員さんに声をかければ、どの店でも笑顔でご馳走してもらえます。数カ月前に非物質世界のマクドナルドで食事をした時は、現実世界の習慣でお金を払うつもりでした。でもお金なんて必要ないと笑われました。

それから**異性との交流**も体験できます。モンローさんが著書で書かれていますが、体外離脱の初期の頃は性衝動に悩まされます。夢体脱を経験している時は理性の壁が薄くなり、潜在意識が表面に出てくるからだと思います。だから、最初の頃は誘惑に翻弄されたことが何度もあります。でも経験するとわかりますが、もっと別の体験をしたくなって飽きてしまいます。

私が最も楽しいと感じるのは、**非物質世界の住人達との会話**です。

ヘミシンクでの非物質世界の存在達との会話は脳内会話が中心です。頭の中に自分以外の人格が存在していて、脳内で2人同時にやり取りをしているという感覚です。しかし夢体脱を経験している時は、現実世界と同じように会話できます。テレパシーでコミュニケーションを取っているのはわかりますが、音声として明確に知覚できます。このあたりの五感の感覚についてはこの後詳しく紹介します。

そして感動的な体験として、**亡くなった人と会う**、あるいはガイド等の**高次存在との接触**があります。私は体外離脱で、亡くなった妻の母と会うことが目的でした。実際に意図してから会えるまでに1年以上かかりましたが。それだけに初めて会った時の感動は、今でも忘れられません。現実世界で会っているかのようなリアルな体験でした。ガイドとの交流も素晴らしいですよ。

体外離脱で私のメインガイドである飛鳥《あすか》さんと会った時の日記を紹介します。飛鳥さんとは明晰夢で初めて会いましたが、この当時はまだ体外離脱で会ったことがありませんでした。ただしこの時の体験は、私の個人的な事情による副次的な意味合いが加わるものになりました。

メインガイドの飛鳥さんと体外離脱で会えるよう、期待を込めながら今朝の体外離脱前にアファメーションで「ガイドに会いたい！」と追加した。いつものように体外離脱の前兆をつかまえた後、今朝は順調に体外離脱できた。現実世界では大雨だったが、体外離脱の世界は視界も天気も良好だった。

でも今日は少し不思議な現象が……。お経のような、マントラを唱えるような、不思議な抑揚のある声が体外離脱直後からずっと聞こえていた。

空を飛びながらその音のする方向へ飛んでみた。しばらくすると深い森の一角に芝生の広場が見えてきた。白い服を着た人達が大勢いるのが見える。その人達は体操のようなパフォーマンスをしていて、ずっと聞こえていた不思議な声の主《ぬし》だった。降りて話を聞いてみようと思ったが、「その場所ではないよ！」という声が聞こえたので空を飛び続けた。

しばらく飛んでいると、高い切り立った崖が見えてきた。その頂上近くに平面状の場所が見えている。近づいてみると白いローブを着た女性が、両掌《てのひら》を上に向けて何か祈りを捧げている様子が見えた。興味を感じたので近づいてみた。

私が近づくと、その女性が振り返った。満面の笑顔。その瞬間、ハッと気がついた。メインガイドの飛鳥さんに間違いない。

明晰夢で会った時の顔を少しは覚えていたので、すぐに彼女だとわかった。

「飛鳥さんですか？」

「ええ、あなたが『飛鳥』と呼んでくれているのは私のことよ」

興奮して思わず歓喜の声をあげそうになった。なぜならヘミシンク中のような脳内会話ではなく、現実世界と同じ普通の会話だったから。

こんなにリアルに、そして生々しい姿でガイドに会えるなんて。ところがここからが大変だった。予想もしなかったことが自分に起きているのがわかったから。

飛鳥さんとの遭遇を喜びつつ、私にはもう一つ別の強い感情が全身を駆け巡っていた。それは幼い頃に自分に課してしまった感情の封印が、意図せずに解けてしまったことによって溢れ出してきたものだった。

ガイドは人間の世界から見ればエネルギー体のような存在。それゆえその姿には私のバイアスがかかる。つまり知っている誰かの姿を投影してしまう。私が飛鳥さんに投影していたのは……。

それは7歳の時に生き別れになった母だった。

いきなり家出して戻ってこない母。7歳の私は何日も、何日も、母の名前を口にして泣き続けた。どれだけ泣いても涙は枯れない。だけどある日気づいた。母は二度と戻ってこない。もう会うことはできない。そう確信した私は、全力でその涙を封印した。母が恋しくて張り裂けそうになる想いを心の奥に閉じ込めた。

それなのにその母が目の前にいる。写真が残されていないので顔を覚えていない。だけど私が母に抱いているイメージが飛鳥さんだった。だからリアルな彼女の姿を見て心のダムが決壊した。

止めようと思っても涙が止まらない。何十年と積み重なった母への想いが一気に噴出した。何も言わずに優しい笑顔で私を見つめる飛鳥さんと向き合いながら、私はひたすら泣き続けた。

散々泣いたあと、少し冷静になって飛鳥さんの顔を見た。素直に可愛いと思った。自分のガイドに可愛いはないかもしれないが、少し丸顔のキュートな顔だった。年齢もヘミシンク中に感じていたより若い印象で、人間ならアラフォー世代かなぁという雰囲気だ。

白いローブが印象的で、白い光が飛鳥さんの全身を通して溢れている。クリスチャンの人がこの姿を見たら、天使だと思うかもしれない。

そのうち直接聞きたいことがいろいろ浮かんできたが、出会えたという感情が異様に高まってきた。その勢いを止められず異常に興奮し過ぎたせいで、体外離脱の意識を維持していくのが難しくなってきた。
飛鳥さんに意識が保てないことを伝えて、「ゴメンなさい」と言いながら身体に戻った。

このような体験談です。今思い出してもちょっぴり泣けてきます。初めての体験というのは、やはり印象的なものです。

それ以外にも夢体脱で体験できることに、**自分の潜在意識との対話**があります。日常の生活では意識できない隠された意識を、夢体脱中にリアルな出来事として体験することがあります。心の奥深くの恐れや怒りが具現化することで、ある意味自己セラピー的なことも体験できます。

それ以外にも**地球と会話**したり、**宇宙人と出会ったり**、**自分の過去生**や**パラレルワールドを体験**したり、**動物と会話**したりすることも可能です。すべて私が実際に経験したことです。私がこの世を去る年月日を見せられたこともあります。記憶に残っているのは4月ということだけなので、毎年4月になると少し緊張します。

ここまでの内容でわかっていただけると思いますが、夢体脱と他の非物質体験はどう違うのか？　Chapter:1でも触れましたが、実はまったく同じものだというのが私の見解です。

ヘミシンクでは亡くなった人と会ったり、ガイドと会話したりすることができます。この世を旅立つ時に執着した思いに囚われて、本来行くべき場所に行くことができない魂を誘導する、レトリーバルという行為も体験することが可能です。私はこれらを夢体脱でも経験しています。

非物質体験というのはすべて同じもので、**アプローチ方法が違ったり、意図が違ったり、個人的な主観や信念が違ったり、経験や技術レベルの違い**等が、実際の体験の違いとして表面化しているだけです。

とりあえず今の段階では、夢体脱でこんなことができるのか、ということを知っていただけたらいいと思います。そしてすべての非物質体験は基本的には同じですので、どの方法が優れているとか劣っているとかではないということです。それぞれの人によって、合う方法や合わない方法が存在するだけです。

一番大切なのは方法ではなく、自分が何を学ぼうとしているか、自分の人生に何をもたらしたいのかという目的意識です。そこへ至る道はいくつもありますから。

## 夢体脱の知覚状態について

夢体脱でどのようなことができるかを紹介してきましたが、ここではそれらをどのように知覚しているかを、理解していただけたらと思います。

一言で表現すると、「超リアル」という感覚です。

ヘミシンクをされている方は馴染みのある、「はっきり見えたわけでないが、そうだとわかる」という感覚とはかなり違います。夢体脱の体験は**ハッキリ**見えます。

誤解しないでいただきたいのは、これはあくまでも知覚状態の話です。現実世界の知覚が100だとして、夢体脱の知覚が80だから情報量が多いとか、知覚20だから必要な情報が得られないということではありません。知覚レベルと情報の質が完全な相関関係にあるとは言えません。このあたりは注意してください。

〝ピン!〟と感じた直観が、人生を左右する深い洞察をもたらすことがあります。私もそのような直観を何度か経験しています。ここで説明しているのは、体験がどのように感じられるか? という感覚だけの話です。

けれども知覚度が高いのは楽しいことです。人間は五感を使うことに慣れ親しんでいるので、高感度の知覚は魅力的です。非物資世界を知覚する夢体脱ですが、脳に翻訳する時は五感を通して体験しています。それでは、その五感別に感覚を説明しましょう。

### 「触覚」

私が夢体脱を体験している時、最も鋭敏な感覚を保持しているのが触覚です。私の場合、体外離脱直後は視覚の安定していないことがあります。そんな時に頼りになるのが触覚です。体外離脱直後は安定しない視覚に頼らず、寝室からリビングまで壁やソファを触りながら移動します。壁の質感やソファの材質も明確に感じますので、その世界における自分の存在を安定させることができます。

まだよく見えていないのに、手さぐりで感じたガラス戸を通り抜けてバルコニーに出ることもあります。これはあくまでも私の場合で、人によっては音や匂いのほうが敏感かもしれません。

最も大好きな瞬間は、バルコニーで風を感じている時です。真冬でも真夏でも、非物質世界では気持ちのいい風を感じます。夏の熱帯夜でも体外離脱中は爽やかな風が吹いているので、暑さを感じません。4月や5月頃の気持ちのいい風によく似ています。

水に浸かるのもいいです。海や川を見つけたら必ず入ってみます。水の分子が全身の細胞をエネルギーで満たしてくれるような気がして、日常の疲れが吹き飛んでしまいます。

## 「視覚」

先ほども書きましたが、私の体外離脱直後の視覚は安定しないことが多いです。しかし根気よくその世界に馴染み、体外離脱状態が安定してくると素晴らしい視覚を体験できます。近視で老眼の私でも、眼鏡なしでハッキリ見えます。森の木の一枚の葉に注目するだけで、ズームアップして葉脈までクッキリ見えます。

非物質世界の住人達の顔もはっきり確認できます。だから記憶に残りやすいので、現実世界に戻って記録をする時、交流した住人達の顔を思い出すのに不都合を感じません。顔のしわやホクロの位置まで覚えています。相手の表情の変化や心の様子も感じられます。

空を飛ぶ時の視覚も素晴らしいです。前方に広がる景色を眺めながら飛ぶのは最高の気分です。宇宙空間まで飛び出すのも楽しい経験です。360度の視点で満天の星や、遠方で渦巻く銀河を見ることができます。体外離脱中にバンジージャンプをしたことがありますが、視覚がリアルなので最高の興奮体験ができます。後ろ向きにバンジージャンプをすると、そのままの視点で落ちていくのでスリル満点です。遊園地の絶叫マシーンより楽しくてかつ安全ですよ。

## 「味覚」

これは説明の必要ありませんね。現実世界でご馳走を食べている時とまったく同じです。ビールを飲んでも、現実と同じようにゲップまで出ますから。

ありがたいのは、どれだけ食べても太らないことです。そしてお腹いっぱいになったような気がしても、移動すればまた食べられます。体外離脱や明晰夢でよくパーティーをしている経験をしますが、誰もが楽しそうに食べて飲んでいます。夢体脱を経験することがあれば、是非何か食べてみてください。

ただし、この料理はまずいかなと思わないことです。そう思うと本当にまずい。私の場合焼肉を食べようとするとき、脂っこいかなぁと思いながら口にすると、確実にその肉はギトギトです。本当に気分が悪くなったこともあります。

## 「聴覚」

音に関しては興味深い体験をしています。普通の物音は現実と同じように感じます。車の音、船の汽笛、列車の走る音、工事現場の音、鳥の声、その他いろいろな音をそのまま体感できます。

興味深いのが音楽です。BGMが流れることがあります。ドラマや映画のワンシーンのように、体験中に場の雰囲気に合った音楽が聞こえてきます。周囲にスピーカーがあるわけではないので、音の発信源はわかりません。

非物質世界の住人達との会話でも聴覚を使います。音として言葉を発し、音として彼等の声を聞きます。でも現実世界のような、空気の振動による音を使って会話をしていません。明らかにテレパシーです。

言語化するのは難しいのですが、音として感じているのにテレパシーで意思疎通している状態です。おそらく脳で理解する時に音へ変換しているのでしょう。猫のミューナ（17歳になる我が家の愛猫です）と会話した時も同じでした。見た目は黒猫ですが、ミューナの声が人間の言葉として聞こえます。私も声に出して話しかけていますが、実態はテレパシーでの会話です。
ある日、私と一緒に体外離脱をしたミューナが「行きたいところがある」と話しかけてきました。私が働いていた京都の祇園を見たいとのこと。それで意識体の猫を抱えて祇園まで飛んだことがあります。

**「嗅覚」**

嗅覚は私の知覚の中で一番印象の薄い感覚です。現実世界ではかなり鼻のいいほうで、妻には「犬並み」と言われています。でも非物質世界では、あまり匂いを意識することがありません。最近は少し意識して匂いに集中しています。意識するとそれなりに感じるので、やはり自分の気持ち次第なのかもしれません。
夢体脱ではここまで説明した五感以外に、もう一つの感覚があります。それは「**第六感**」です。例えば夢体脱で誰かと会話している時、その人の背景となる情報が一気に流れてくることがあります。名前や性格、その人の過去の歴史等、言葉では伝えられない情報を受け取ります。そして、メッセージを思考の固まりとして受け取ることがあります。これはヘミシンクを開発したモンローさんが「ロート」と呼んでいたものと同じです。「圧縮された情報」という説明がぴったりです。一度に〝ドン〟という感覚で情報が入ってきて、時間をかけてその内容を理解することができます。夢体脱を体験している間だけでなく、現実に戻って記録を取っている最中に情報が解凍されることもあります。

おそらく現実生活でもこのような感覚を使用しているのでしょう。でも非物質世界では、その感覚がより研ぎ澄まされているように思います。

夢体脱をどのような感覚を使って体験しているかをまとめてみました。実際はその時の状況で、これらの感覚が混ざり合った体験をしています。だから毎回新鮮で楽しいということです。

## 夢体脱は意識の共鳴現象

ここからは体外離脱と明晰夢が具体的にどういった現象なのかという、私自身の経験による仮説です。

**体外離脱は身体から魂が抜ける現象だと思われていることが多く、離脱という言葉が潜在的**

**な恐怖を想起させます。その恐怖を抱えたままだと、せっかくの体外離脱経験を遠ざけてしまいます。**〈怖い。このまま戻れないかも〉と思うことで体験がストップするからです。ここからの説明でその恐怖感を取り去ってもらうこと、そして体外離脱も明晰夢も同じ体験だということを理解していただけたら嬉しいです。

## 人間は多次元の存在である

これがこのChapterのテーマの本質であり、欠かせない前提となります。この定義は精神世界系の本を読むと、多くの著者が必ずと言っていいほど言及していることです。私も自分の経験と照らし合わせて、この前提を確信しています。

人間の意識は多次元に存在しています。一般的にはエーテル体、アストラル体、メンタル体、ゴーザル体等の名称が使われています。説明する人や、宗教、あるいは国が変われば違う言葉になるかもしれません。

でもそんな言葉の違いは無視してください。とにかく人間は多次元の意識構造を有していて、重なり合った複数の身体を持っているとイメージしてください。それではそれぞれの身体、あるいは意識構造の違いは何でしょう?

それは**「振動数」の違い**だと考えています。

私達が日常の意識状態で物質世界にリアリティを感じるのは、**物質世界の振動数と肉体意識の振動数が同調しているから**です。例えばダイニングセットの椅子は、量子物理学的には宇宙空間のようなすき間が存在しています。椅子を構成している素粒子は、粒子の性質を示したり波の性質を示したりします。そんなすき間だらけの椅子に座って腰かけることができるのは、その振動数と私達の意識が同調しているからです。

では、その同調している「意識」とはどのようなものなのか。

心理学者でさえ、人間の意識を的確に概念化するには数冊の本が必要だと思います。ですが私はあるモデルを使って理解しています。カルロス・カスタネダという人が『夢見の技法』(二見書房)という著書で述べているモデルが、私にはとてもわかりやすく感じました。

カルロスは中南米のシャーマンであるドン・ファンに教えを受けて呪術を学んだ人です。呪術というと恐ろしく聞こえますが、ドン・ファンはいわゆるシャーマンです。アメリカ先住民やオーストラリアのアボリジニ等にも存在していたシャーマンです。カルロスは変性意識状態に入るため、麻薬成分を有する植物を用いたり、心の会話を停止させたりという技術をドン・ファンから教わりました。

そのような変性意識状態の時、人間の意識の中心に「集合点」とドン・ファンが呼ぶものが見えるそうです。人間の意識体は光る繊維の卵のようなもので、人間が現実世界を知覚していると、その光る卵の中心に「集合点」が存在しています。しかし人間が変性意識に入ると、「集合点」が身体の領域から外れるそうです。

ここからが私の本格的な仮説ですが、人間の多次元の身体はそれぞれに意識の「集合点」を持っているのではないか？　そのように考えてみました。肉体には肉体意識の「集合点」、アストラル体にはアストラル体意識の「集合点」というように、それぞれの多次元の身体が意識の「集合点」を持っていると仮定してみました。このように考えると、非物質体験や夢を理解する大きな助けになると思ったからです。

では、「人間は多次元の存在である」のに、なぜ現実以外の世界を私達は知覚できないのでしょう？

それは私達が物質世界、つまり肉体の世界の振動数に強固に固定されているからです。肉体意識の「集合点」のみが、私達がリアリティとして知覚できる唯一の「集合点」となってしまったからです。

でもこれは、大いなる幻想です。

「この世界がたった一つの現実だ」と信じる必要があったからです。本質からの分離、宇宙意識からの分離を体験することで、学びを得ようとしているからだと思います。

多次元に存在するそれぞれの意識の「集合点」は、すべてが自分ですから本来は一つにつながっています。だから潜在的には、それらの体験を私達は常に知覚しているはずです。でも肉体というエゴが持つ強固な分離意識は、その知覚を完全に遮断します。人間はとても面倒なゲームをやっているようですね。

それでは夢体脱はどのような現象なのか。ここでもう一つの大きな前提が登場します。それは、

**非物質体験を記憶として持ち帰るには、物質世界の意識の集合点が必要！**

ということです。私がブログで体外離脱や明晰夢の体験をなぜ書けるのか？　それは私の物質世界の記憶に残っているからです。

私達は物質世界で生活していますから、ここでの意識に残らないことは書けません。非物質体験は誰もが常時体験しているのですが、現実世界の意識で経験しないと記憶に残りません。記憶にないものは、体験していないのと同じになってしまいます。

ここで登場するのが「**共鳴**」という概念です。私は学生時代にロックバンドを組んでいましたので、弦楽器のギターで説明します。

ギターが2本あると想像してください。どちらもチューニングしてあって、いつでも弾ける状態です。それらのギターを向かい合わせにして、片方のギターだけ音を出します。すると置

かれたままのもう1本のギターも同じ音を出します。これが共鳴現象です。この共鳴という概念を利用すると、夢体脱の体験がわかりやすくなります。

人間が普通に活動している時、物質世界にドップリと浸かっているので、その振動数に固定されています。先ほどのギターの例で説明しましょう。共鳴を求めて非物質世界のギターは音を出しています。でも物質世界の自我は、それを無視して好き勝手にギターを弾いています。でも、一日中そのギターを弾いているわけにはいきません。疲れますからね。だから眠ります。自我が眠ることで、物質世界のギターはそっと置かれます。その前では非物質世界のギターが美しいメロディを奏でています。この段階までできて、ようやく共鳴が可能となります。

この状態を現実の出来事に置き換えると、眠りにつくことで肉体意識が希薄となり（チューニングされた状態）、非物質世界の共鳴を受けられる状態になったということです。

共鳴を受けるためには、物質世界のギターを緩み過ぎず、張り過ぎない、ちょうど中庸の状態でチューニングしておく必要があります。そうしないと共鳴現象を発生させることも、記憶として残すこともできないからです。完全に弦を緩めてしまうと共鳴しません。これをヘミシンク体験では寝落ち、夢体脱では熟睡と言います。

結論として体外離脱や明晰夢という体験は、他次元の身体意識の「集合点」と、物質世界の肉体意識の「集合点」が共鳴した状態です。

体外離脱をする前は変性意識に入りますので、肉体の束縛から少し解放されます。そのことで非物質世界の共鳴を受けやすくなっています。そして現実世界の意識を保ったまま、非物質世界の意識の「集合点」と共鳴できると、自分の体験としてリアルに知覚できます。そうなると体験を記憶として持ち帰ることができます。

熟睡している時も他の次元では非物質体験をしていますが、物質世界の意識と共鳴できないので記憶に残りません。通常の夢の場合、少しは共鳴していますので一部分は記憶として残ります。でも体験の全貌を知ることができません。しかし明晰夢は夢を見ている最中に、チューニングしたギターを非物質ギターの真正面に置くのと同じです。完璧な共鳴が成立します。

夢についてはChapter:4で詳しく述べますが、ヘミシンク等の体験と同じ非物質体験だと考えています。**ヘミシンクも意図的に夢を見る技術**だと私は理解しています。**すべての非物質体験は、多次元の身体が体験していることを、物質世界の意識が共鳴して情報として残ったものだ**というのが私の仮説です。

だから、体外離脱と明晰夢はまったく同じ現象なのです。**体外離脱は体から魂が抜ける現象ではありません。**１０００回以上経験している私ですから、はっきりと断言できます。現実世界での自覚を伴ったまま、他次元の自意識と共鳴しているだけです。非物質世界の意識に共鳴させて体験するので、物質世界と同じようにリアルなのです。なぜなら、その世界の身体を使用して体験するからです。

どんな人も毎日24時間、非物質体験をしています。そして眠りについて夢を見ることで、非物質世界を垣間見ることができます。それらを荒唐無稽な夢として忘れてしまうか、ファンタジーな夢として妄想にふけるか、リアルな体験として自覚するかは意識次第です。

体外離脱や明晰夢のテクニックは、非物質世界をどのようにして物質世界の意識と共鳴させるかという技術です。どんな人でも体験していることを、記憶に残せるようにするだけのテクニックです。だから体外離脱ができることは自慢でもありませんし、特別なことでもありません。適切にチューニングしたギターを、どのようにして適切な場所に置くかというだけの技術です。

大切なのは、**この体験を通して自分は何をしたいのか？**　です。そのためにはどの次元の意識と共鳴するべきなのか？　そのことを次に考えてみたいと思います。

## 目的意識と振動数

夢体脱が意識の共鳴現象だということをここまで説明してきました。ここからはその内容を一歩進めたものにできればと思っています。

非物質世界の身体と共鳴しているのが体外離脱あるいは明晰夢という現象です。ポイントは、どの非物質世界の身体と共鳴しているかということです。それによって、体験する内容は大きく変化します。

体外離脱を体験し始めた初期の頃、見えるのはどことなく不思議な世界でした。身体を抜け出したのは自分の寝室なのに、よく見ると部屋の様子が少し違います。ないものが存在したり、あるものがなかったり。物質世界と同じように見えるのですが、何か、どこかが違うのです。自分はいったいどこにいるのだろう？　と本当に悩みました。

そしてもう一つ悩まされたのが性的衝動です。これはモンローさんの本を読んでいたので頭では理解していたのですが、とても強烈な感覚です。日常生活でも綺麗な女性を見たら、自然と目はそちらに向きますし、ちょっとした妄想をすることもあります。でも、現実世界でその妄想を実行することはありません。犯罪行為となるようなことは理性がストップをかけますから。でも体外離脱中や明晰夢を見ている時は、理性のブレーキが外れます。肉体の束縛を離れることで、本能がありのままに露出しているからだと思います。過去の体外離脱日記を読み返していると、性的衝動の対応に苦労しているのがわかります。

これは食欲でも同じです。夢体脱の世界は五感が物質世界とさほど変わりません。これは非物質世界の意識の「集合点」と、物資世界の意識の「集合点」が共鳴して、非物質世界の身体を体験に使用しているからです。初めて非物質世界で食べ物を口にしてから、その美味しさに感動して執着してしまったことがあります。体外離脱をするたびに、食べ歩きの経験を重ねていました。

これらを総括すると、こうした経験は結局自分の肉体と非常に近い非物質体と共鳴しているのがわかると思います。つまり、

## 同じだけど少し違う世界
## 性欲や食欲を追求する世界

ということになります。現実と違うのは、空を飛べたり壁を抜けたりできることだけです。悩んだ私はネットでいろいろ調べました。有名な某掲示板サイトを見て、他の体外離脱体験者の経験を読んだりしました。でも皆、私と同じようなことばかりしています。性的な快楽を求めたり、美味しいものを食べたり。そのことを責めているのではありません。ただそこから抜け出す方法がわからないだけでなく、抜け出そうと意図している人が少ないのを感じました。

とりあえず私はモンローさんがやっていたように、「また、あとでね」という気持ちで、性欲や食欲を一時的に意識から追いやる方法で対処していました。そして自分が目的としている、ガイドや亡くなった人との出会いの方法を模索しました。

私が体外離脱初期に共鳴していたのは、肉体の振動数に近いエーテル体等との共鳴だと思い

ます。体外離脱を一度でも経験された方は思い当たると思いますが、現実と同じ場所なのに何かが違ったり、突然子供の頃に住んでいた場所にいたりとかの経験をします。しかし慣れていくうちに、より肉体から離れた高次の自分との共鳴が始まるように思います。

では、意図的に高次の自分と共鳴するにはどうすればいいのか？

これが、私が日々探索している課題です。まだまだ結論への道中ですが、大きく分けて2つあります。

一つは**「目的意識を持つこと」**です。

体外離脱や明晰夢は自分の意識世界なので、やりたいことをやっていればいいと思います。何か食べたければ食べればいいですし、異性と交流がしたければ我慢する必要はありません。何でも自由にできるのが、非物質世界です。

でも、本当にそれでいいですか？

一歩先に進めば、今までの自分を大きく変化させる体験が待っています。自分の意図次第で、多次元のより高次な自分と共鳴できます。高次の世界をリアルに体験して、そのエネルギーを現実世界の自分に持ち帰ることが可能です。自分が死ねばいずれ体験できるかもしれませんが、生きている間に高次意識を現実世界に体現できます。そんな機会を逃すなんて残念だと思いませんか？

そうして目的を定めて探索を続けていると、予想外の体験をすることが増えてきました。亡くなった人と会えたり、ガイドに会えたりしました。それだけでなくファンタジー世界へと誘導されたり、地球外へ引っ張りだされたりするようになりました。時にはどこかの宇宙ステーションのような施設や、明らかに宇宙人とわかる存在達とも交流するようになりました。

本気で高次の世界を体験したいと思った時、新しい道が開きます。ハイアーセルフを含む、より高次の自分と結びつくことは人生の大きな目的の一つです。そういった**強い目的意識が、非物質世界での体験をレベルアップさせる**ことにつながります。これはヘミシンク等の他の非物質体験にも言えることだと思います。

もう一つは**共鳴を引き出すための「同調」という意図**です。

先に説明したギターの例を思い出してください。共鳴を引き出すためには、共鳴を受けるギターをチューニングしてスタンバイする必要があります。ギターは全部で6弦ありますが、音が発生する弦と同じ弦が張っていないと共鳴できません。第1弦が音を出していても、受けるギターに第1弦が張っていなくては共鳴できません。

つまり受ける側のギターが意識的に弦を張るという行動をとらなければ、共鳴は成立しないことになります。この意識的に弦を張ってチューニングする行為が「同調」です。もともと周波数の違うものを共鳴させるには、共鳴したいほうが近づく必要があります。自分の周波数を調整して、共鳴したい周波数のチャンネルに合わせなくてはいけません。

ラジオやテレビの原理をご存知でしょうか？　あるチャンネルの電波を受信するためには、受信する側から微弱な同じ周波数の電波を発信する必要があり、そうすることで目的の周波数の電波を受信できるようになります。この微弱な電波を発信することが「同調」であり、その後にやってくるのが「共鳴」です。

だから日常の意識を維持したまま高次の非物質体と共鳴するためには、目的とする振動数と同じ振動数を微弱ながらも発信する必要があります。いくら自分の高次身体だと言っても、現在の意識に存在しないものと共鳴することはできません。わずかでもいいですから、その振動数を必要とします。第1弦が存在してこそ、第1弦の音を共鳴させることができるのです。

## 体外離脱＆明晰夢で、より深い体験を得るために必要なこと

**強い目的意識をしっかり持つこと。**

**つながりたいと願う意識の振動数を、自分の中に見つけて育てること。**

この2つを日々意識しながら、私は体外離脱や明晰夢の体験をしています。自分の心を見つめて高次存在と共鳴するものを見つけ出し、それを育てること。心に存在する輝きを見つけ出

し、その光を夢体脱の体験で純粋なエネルギーとして体感すること。そしてそのエネルギーが、日常生活に新しい光をもたらすことを心から願っています。

## 夢体脱とヘミシンク体験の関連性

ここで夢体脱とヘミシンク体験との関連に触れておきたいと思います。Chapter:1でも書いたように、私の非物質体験にとってヘミシンクというツールは大きな影響を持っているからです。夢体脱とヘミシンク体験は、非物質体験としては基本的に同じだと考えています。でもあえてその違いを考えることで、両者の特徴が理解できると思います。実践編はChapter:4以降で解説します。

ガイドに会ったり、亡くなった人に会ったり、レトリーバルをしたり等、どちらも同じことが体験できます。

では何が違うのか？（以下は、あくまでも私の解釈ですのでご了承ください）

**「夢体脱とヘミシンク体験は、意識の集合点が機能している身体の主体が違う」**ということです。

夢体脱が意識の共鳴現象だというのは説明しました。現実世界の意識と非物質世界の意識が共鳴しているので、私達の記憶に残っています。現実世界の意識で知覚をしないと、記憶に残らなかった夢と同じことになってしまいます。

夢体脱の場合は**意識する主体として、非物質領域の身体を使用**しています。意識の「集合点」は現実世界と非物質世界とで共鳴していますが、使用している身体は非物質体です。

夢体脱の状態になった瞬間、共鳴した意識の主体は非物質体へ移動していますので、その世界の身体を使用します。だから手に触れるものや、聞こえる音、匂い等、その非物質世界のすべてをリアルに知覚できます。**非物質のエネルギー体を自分の身体として使用できるのが、夢体脱の最大の特徴**です。

一方ヘミシンク体験において、意識は共鳴しているので非物質世界を知覚していますが、**意識の「集合点」の主体は現実世界**にあります。だから私の場合は夢体脱に比べて非物質世界をリアルに感じることができません。これがいわゆる、バイロケーションという状態です。ヘミシンクを聴いている**現実世界の部屋の様子を知覚しているのに、同時に非物質の世界も知覚しています**。

夢体脱もヘミシンク体験も意識の共鳴を利用して、非物質世界の情報を受け取っていることに変わりはありません。違いは意識の主体がどの身体にあるかだけです。意識の共鳴がより深くリンクすることで、非物質世界の身体を主体として知覚しているのが夢体脱の世界です。情報を受け取ることに関しては同じですので、どちらが好みかという違いかもしれません。

さて、これ以降に書くことも私の個人的な意見です。人によって非物質世界の体験は違いますので、他の方には当てはまらないかもしれません。

私はこれまで、ヘミシンク的な知覚を通じてガイドと交流していました。しかし現在はその交流方法を大幅に変更しています。以前はガイドとの会話を通じて情報交換していました。しかし現在は会話を行なっていません。会話ではなくて、イメージや直観、あるいはモンローさんが「ロート」と読んでいる、すぐに確定できない情報の固まりで交流しています。ガイドと現実世界のように会話をするのは、夢体脱の時だけにしています。なぜヘミシンク的体験、つまり意識の主体が現実世界にある時にガイドとの会話をやめたのか。それは、その情報の信頼性に確信が持てなくなったからです。

ある実験をしました。ヘミシンクを聴いて、ガイドと特定の話題について会話します。ある程度期待する返答を意識しながら会話を進めます。続いて同じようにヘミシンクを聴きながら、同じテーマについてまったく違った答えをガイドからもらえるように意図します。すると、同じガイドがまったく正反対のことを語ります。知覚状態としては、どちらも今までヘミシンク体験として容認してきたレベルです。さすがにこれはヤバイと思いました。

私の場合、意識の主体が現実世界にあると、意識の共鳴が不十分なようです。しかしヘミシンクで体験をしたい一心でイメージトレーニングを繰り返してきたので、意図することを明確にイメージできてしまいます。

だから言葉というツールを使って情報を摂取しようとすると、自分が期待する内容を体験として呼び寄せてしまいます。つまりエゴの介入する要素が、大幅に増加してしまいます。自分の創りだした妄想を、ヘミシンクの体験として知覚することができてしまいます。だから妄想をする意図がなくても無意識にやってしまう可能性を排除するため、現実世界に意識の主体がある時は、「言葉」を介入しないコミュニケーション方法をガイドにお願いしました。

「言葉」は二元性を含んでいるので、善や悪、闇や光、好き嫌い等の分離を誘発します。それらの分離は体験する人の先入観や信念に大きな影響を与えます。

実は夢体脱でも、同じ可能性があると思います。非物質体験というのは自分の潜在意識を反映させますから、同じリスクは常に存在します。でも意識が完全にリンクして非物質世界の身体を使用していると、現実世界で他の人と会話しているのと同じ状態で、ガイドやその世界の住人と会話できます。あくまでも気休めなのですが、夢体脱は少しでもエゴの介入を少なくして情報を受け取れるような気がしています。私が体外離脱や明晰夢を中心にして非物質世界の住人達と交流しているのは、こういった理由からです。

まぁ、ハッキリ言うと私はヘミシンクの落第生ですね。ヘミシンクを通じて、しっかりと情報を受け取っていられる方は大勢いらっしゃいますから。要するに私は、夢体脱の世界が大好きだということです。

私は意識の「集合点」が存在するのは、脳ではなくハートだと思っています。

だからヘミシンクで脳波が特定の状態になっても、ハートが共鳴しないとリアルな非物質体験は得られません。非物質体験を進めるためにはハートを開く必要があります。でも自分のハートの一部だけリンクさせて高次の情報を得るよりは、今の振動数に合った非物質世界と完全にリンクさせて体験を重ねたいと思っています。そして少しずつ、完全に自分のハートと共鳴できる振動数を高めていきたい。このようにして現状におけるハートの振動数を確認できるのが、体外離脱や明晰夢だと考えています。

夢体脱でもヘミシンク体験でも、自分のハートの振動数を向上させていく意図が大切だと思います。振動数に応じたハートが開いていないと、体験は自分の中を素通りしていくだけでしょう。

## 夢体脱を体験する意義

このChapterの最後に夢体脱を経験することで、どのようなメリットがあるのかを考えてみたいと思います。
私にとってどんなメリットがあったかという話が中心となりますのでご了承ください。

## 非物質世界の住人達とのリアルな交流を楽しめる

夢体脱の顕著な特徴は明確な知覚です。それゆえ非物質世界の人達との交流は、未体験の人が想像しているよりはるかにリアルです。ガイドと会話をする時は、職場に行って同僚や上司と会話する時と変わりません。亡くなった人と会う時は、少し遠くに住んでいる実家の父や母に会いに行くような感覚です。

特に夢体脱で亡くなった人と会う時、実際に体験したらかなり驚きます。生前の口調や雰囲気、性格や癖までまったく同じです。現実世界で妻や夫と話していて、相手が本当の妻や夫だと疑う人はないでしょう？　それとまったく同じ感覚で亡くなった人と接することができます。疑いの気持ちは微塵も発生しません。

## 自分が肉体だけの存在ではないことを実感できる

これは体外離脱を体験する時、特に顕著に感じます。体外離脱は現実での意識が途切れることなく、意識が連続した状態で非物質世界へ移行します。だからその感覚は強烈です。身体を抜けるという感覚を伴いますので、身体の束縛からの解放を実感できます。そして明瞭な意識で空を飛んだり、壁を抜けたり、物質世界では体験できないようなことを自由に体験できます。もちろん、明晰夢でも同じ感覚を実感することが可能です。

肉体だけの存在ではないことが理屈ではなく、明確な事実だと「知る」ことができます。

## 自分の潜在意識の一部と対面できる

夢体脱は意識の世界ですから、現実世界で封印している潜在意識の一部を知ることができます。身体という物質の束縛から離れることで、普段意識していない自分を体験として知ることができます。恐怖、怒り、性的な欲望等、普段は意識しないようなことまでリアルな体験として知覚することがあります。

例えば体外離脱で幽霊を見るのは、そのほとんどが恐怖の具現化です。だからホラー映画のようにベタな幽霊が現れたら、自分の恐怖が形を取ったと考えて間違いありません。死後世界の人は生前の雰囲気で出てきますので、オカルト的な幽霊の姿をしていません。ただし対面できるのは潜在意識の「一部」だと思います。現実の意識を非物質世界に共鳴させて知覚していますから、現実世界で強く抑圧している感情等はその影響を受けているはずです。夢体脱でも知ることのできない深い潜在意識の感情等は、想像しているより多く存在していると思います。

## 自分の現実世界の意識が、どのレベルの高次意識と接触可能かを具体的に体感できる

夢体脱は日常で使用している意識を共鳴させて非物質世界を知覚します。しかし完全な共鳴が成立しないと、非物質世界の身体を使用することができません。だから逆に言うと、今の自分がどのレベルの非物質身体に共鳴できるかを知ることができます。現実世界の意識と共鳴できない非物質のレベルは、記憶として持ち帰ることができません。

誤解しないでいただきたいのは、高次の意識とつながっていないということではありません。多次元の自分は常に、そして完璧につながっています。ここで説明しているのは、物質世界の記憶として持ち帰ることができるのはどのレベルか、ということです。

共鳴できるレベルを拡げるためには、現実世界の意識の振動数を上昇させる必要があります。つまり日常の精神トレーニングの成果を、夢体脱で確認できるということです。

## 潜在能力の開発

これは私が読んだ本の受け売りです。ロバート・ピーターソンという人が書いた『体外離脱を試みる』（VOICE）という本に、体外離脱を何度も体験するようになると、いわゆる超能力のようなものが開発されると書かれてありました。ピーターソンさん自身も体外離脱を経験

するようになり、ガイドとの交流が始まったそうです。これに関して、私に確信はありません。私もピーターソンさんと同じように日常的にガイドと交流していますが、ヘミシンクも並行してやっていました。ですから体外離脱を経験したことが、ガイドと交流できる理由かどうかの確信はありません。まぁ、こういうこともあるかもね、という程度に理解すればいいかと思います。

## 死後世界の生活に順応しやすい

これは何かの本で読んだことと、私の経験との両方から書いています。

その本に書かれていたのは、体外離脱や明晰夢等の世界は死後世界と同じなので、実際の「死」を迎えた時にその世界に慣れることができるそうです。私も体外離脱や明晰夢を体験している時に、その世界の住人に同じことを聞かされました。死んだ直後は物質世界の感覚が手放せない人が多く、死んだことを理解してもその世界に慣れるのに時間がかかるそうです。しかし生前に体外離脱や明晰夢でこの世界に馴染んでいる人は、すぐに順応して次の段階に移行できるとのこと。私は今から練習しているわけです。

## 自分が体験している夢体脱の世界は、自分の意識が創造していることを理解できる

これは明晰夢で顕著に体感できます。明晰夢を見るきっかけは人によって違いますが、私は子供の頃から悪夢を通じて明晰夢を経験していました。怖い夢から逃れるために、その世界が夢だと気がつくようになりました。だから、夢の世界は自分の意図で変更できることを無意識に学びました。悪夢をあっという間にファンタジー世界に変えることができるのです。

この項目は、私が最も重要視しているメリットです。非物質世界の体験をしている時、予想外の展開になることがあります。自分の意図とは違ってその世界に翻弄されることもあります。

しかし基本的に自分の意識世界ですから、**努力と工夫次第でその世界を自分の思うようにすることができます**。この体験を繰り返していると、非物質世界は自分の意識世界の投影だと感じられるようになります。心の持ちよう次第で、その世界を明るくも暗くもできます。少しずつですが、そのことを実感しています。

そして一番大切なこと。それは、もしかしたら現実世界も同じなのではないかということです。強固な現実だと思っているこの世界は、もしかしたら自分の意識が創り出したものではないかと。もしそうだとしたら明晰夢を見ているように、この現実世界がただの夢だと気づくことが可能かもしれません。

夢体脱を体験する最も大きな効用は、非物質の世界を何度も探索することによって、現実世

界が自分の意識で創造されていると気づくことなのかもしれません。

そして、現実世界が夢だと気がつくその「意識」とは？

もしかしたらそれこそが、真の自分ではないでしょうか。

夢体脱を通じて自分の意識が創りだした世界を日夜探索しながら、その体験の本質を求めているのが私の日常です。それゆえこの先も探索を続けていきます。

## まとめ

夢体脱では、空を飛んだり、非物質世界の住人と会話できる

自分の潜在意識と向き合うことも可能

強い目的意識を持つ

つながりたいと願う意識の振動数を、自分の中に見つけること

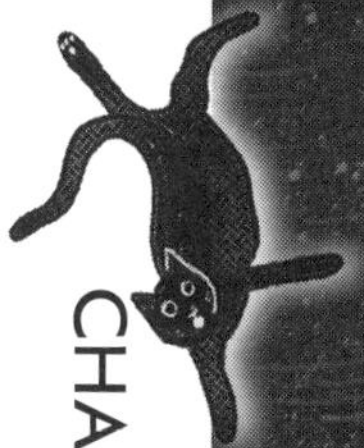

CHAPTER:3

# 体外離脱＆明晰夢の体験と現実世界とのリンク

## 体験が本物かどうかの不安

体外離脱と明晰夢について理論的なことを書いてきましたが、いよいよ具体的にどうすれば体験できるかを紹介していきます。しかしその前に、ウォーミングアップのような気分で読んでいただける Chapter を設けました。

「夢体脱の理論的なことはわかったし、どんなことが体験できるかもわかったからもういいよ。

早く方法を教えて」という声が聞こえてきそうですが、このChapterを読んでいただいてモチベーションをさらに上げていただけたらと思います。

ヘミシンクや夢体脱に関わらず、非物質世界の体験というものを経験し始めると必ず感じることがあります。

〈この体験は本物だろうか？　私の妄想ではないのか〉

まだ何も明確な体験ができない時は、どんな体験でも嬉しく思います。すべての体験を素直に受け入れて、次のセッションへの原動力にすることができます。しかし体験が進んでくると、先ほど書いたような不安に襲われることがあります。

その不安感はかなり強力です。だから放置しておくと、自分の体験に疑いが出てきます。心が病んでいるのではないか、妄想を見ているだけではないか、というような想いに囚われることがあります。そうなるとコツコツと積み上げてきた非物質世界の探索が、その段階で停滞します。

『死後探索』（ハート出版）を書かれたブルース・モーエンさんは、ヘミシンクを体験するうえで、あることを実践されていました。レトリーバルという用語があります。ヘミシンクをされている方なら馴染みのある言葉だと思います。人間はこの世を去ると、通常は行くべき場所へ魂が移行します。しかし人生を経験していくなかで、特定の事柄に対して強い囚われを持ってしまうことがあります。そうなると魂は帰るべき場所を見失い、囚われ領域に留まってしまいます。そういった魂を、本来行くべき場所へと誘導するのがレトリーバルと呼ばれているものです。

モーエンさんが著書で触れていましたが、このレトリーバルを行なう時はできる限り証拠集めをされていたようです。対象となる意識が地上に存在していた時の名前、住んでいた場所等、実在の人物であるという証拠を体験のなかで収集されていました。その証拠を後日、検証して事実だと確認できれば、体験の真実性が大きく向上します。

この現実世界で非物質体験の証拠を見つけることは、その世界を探索するうえで大きな影響があります。今まで自分が体験してきたことがただの妄想でないことを実感でき、さらなる次の体験への貴重なエネルギーとなるからです。証拠となる出来事を経験するだけで、いままで不安に押し潰されそうになっていた心を、前向きな方向へ転ずるきっかけにできます。〈私の体験は妄想ではなかった〉という強い自信になります。

夢体脱を経験している私は、何度もそんな不安に襲われていました。夢の世界を現実の意識で体験しているわけですから、もともとが「夢」だという思い込みがあります。「そんな夢みたいなことを言って」と子供時代に何度も大人に言われたことで、「夢」は実態のないものだという刷り込みが心の奥で巣食っていました。

荒唐無稽な夢の世界を現実意識で知覚しているだけで、結局は現実世界と何の関わりもないのではないかという不安に包まれていました。こんなことを考え出すと、どんな体験をしても素直に感動できなくなってしまいます。

しかし数多くの体験を重ねている間に、現実世界とのリンクを体験することが何度もありました。そんな驚きの体験を経験しながら、私は自分の体験に大きな自信を持っていくことができました。そこで私の体験のなかから、現実世界とのリンクを実感した出来事を紹介します。

## 亡くなった妻の母と会った体験

私が体外離脱を経験するようになって、最も体験してみたいと思ったのが亡くなった妻の母と会うことでした。義母が亡くなったのは20年以上前の秋のことになります。過ぎていく時間の速さに驚かされます。

妻は父を幼い頃に亡くしたので、母一人子一人の生活でした。義母は看護師をしながら娘を育ててきました。私と妻が結婚する時はさまざまな障害や不安があったにもかかわらず、私を笑顔で迎えてくれた姿が今でもはっきりと心に残っています。

そんな義母が亡くなる時、息を引き取る瞬間を見守ったのは病院関係者以外では私一人でした。結果的にそうなったのですが、私は義母との深い縁を感じています。人間は生まれる前に自分の死ぬ時期と場所を決めてくるそうです。おそらく私と義母は、その旅立ちの日を潜在意識では互いに知っていたのでしょう。そんな魂のつながりを感じる義母ですから、体外離脱の経験中に会えると信じていました。でも思ったより時間がかかりました。義母と会うことを意図してから1年以上かかっています。それだけに会えた時の喜びは格別でした。

まずは初めて会った時の体外離脱日記を紹介します。

”

リラックスしていつも通りに意識を瞑想状態に持っていった。今朝は少し寝不足気味だったので寝入らないように仰向けの姿勢を維持。意識がうまく移行できたようで、15分くらいで体外離脱の前兆がピークになった。

うっかりして前兆が強い金縛りになってしまい、身体がのけぞったことで妻が寝返りを打った。上半身しか抜けていない状態だったが、寝返りの音が気になり下半身が抜けずに残ってしまった。残った下半身がピザのチーズのように引き伸ばされた状態だったので、焦らずに落ち着いて両足からエネルギー体を引き抜き、どうにか体外離脱に成功した。

いつものようにバルコニーまで出て飛び立った。今日は妻の母に会うのがテーマだ。とにかく誰か人を探してしばらく飛び続けた。

しばらく行くと、遊園地らしき場所が見えてきた。中央に大きな広場があって、たくさんの人が歩いていたり、ベンチに腰かけたりしている。そこへ着陸することにした。

そこにいる人達は皆、日本人に見える。誰に義母の事を質問しようか周囲を観察した。先日に尋ね人の特徴を詳細に語りすぎたことが原因で、迷惑そうな様子で断られた経験を思い出した。それでどのように質問するべきか迷ってしまった。

ベンチに座ってしばらく考えていた。すると視界がぼやけ始めた。身体に戻る兆候だ。このまま戻りたくなかったので、視覚を安定させるために手を見たり、ベンチに触れたりしてみた。どうにか知覚を安定させると、どうすれば義母に会えるか考えこんだ。

その時あることが突然閃いた。「あ、そうか!」と感じたので早速実行してみると、目の前に白いドーム状の建物が見えてきた。それほど大きな建物ではなく、庶民向けの一戸建てほどの大きさだ。全体に白いドーム状なのだが、シドニーにあるオペラハウスのように波模様の形状の外壁だった。

中央に扉があり、壁と同じ白い階段が地面まで降りていた。その扉の前に女性の姿が。お義母さんだ。笑顔でこちらを見ている。見た印象は白なのだが、よく見ると薄い水色のような女性用のスーツを着ていた。

早速挨拶をした。生前と変わらない印象だが、少し若くなったかな？　とても健康そうな様子だ。いろいろ聞きたいことが浮かんできたが、身体に戻ろうとする力が強くなってきて、その世界の知覚を維持するのに必死だった。

妻の体調のことについて尋ねると

「あなたの責任ではないのだから、あまり気に病まないでね」

と義母が言った。

その答えに返事をしながら、知覚を何とかキープしていた。

「あっそうそう、便秘によく効く薬があるから持ってくるね。ここで待っていて！」

と言って、義母は白い階段を駆け登り、中央ではなく左手にもう一つあったドアの向こうへ消えた。

別に私は便秘じゃないけれど。でも確かに昨日と今日は大きいほうは出ていないなぁ。こういった世話焼きの雰囲気は生前のままだ。そしてさすが元看護師さん。フットワークが軽い。

この時点で知覚を維持できなくなり、視界がぼやけてきた。そして身体に戻ってしまった。残念だったが亡くなった人と会うコツが少しわかったので、次回はゆっくり話しをしたいなぁ。

お義母さん！　しばらく実験台に使わせてね。

“

というような日記です。この日記に出ている体外離脱中に亡くなった人と会うコツはChapter:6で詳細に説明します。この時の体験は日記を読んでいるだけでありありとその情景が浮かんできます。義母の顔も声も雰囲気も生前のままでしたので、まったく疑う気持ちはありませんでした。ちなみに便秘の薬が必要なのは、私ではなく妻でした。亡くなっても娘のことが心配なのでしょう。2度目に会った時は驚く出来事がありました。その時の体外離脱日記を紹介します。

”

体外離脱しようとトライしたが失敗ばかり。うまくリラックスできなかったり、逆に眠ってしまったりで、気がつくと午前7時前になっていた。半分あきらめ気分で右横になると前兆がやってきた。このチャンスを逃してはと、無理やり身体を抜け出した。

しかし視界は最悪。真っ暗闇！　仕方ないので壁やソファの感触を頼りに手探りでバルコニーまで行った。同じ視界状態のまま、手探りでバルコニーの手すりを飛び越えた。浮遊感を感じながらしばらく飛んでいると、ようやく視界が戻ってきた。

深い森の上を飛んでいた。美しい森を眺めながら人のいそうな場所を探してみた。しばらくすると住宅街が見えてきたので着陸した。

ここで前回と同じように義母の姿をイメージして、その空間を引き寄せるように意図してみた。やがて商店街らしき街並みが見えてきた。その角にレストランとおぼしき店があり、扉の前に立っている義母を発見！　彼女の前まで走って行った。

義母は考えごとをしているようで、すぐ私に気がつかなかった。目の前で手を振ってアピールするとやっと気づいて笑顔を見せてくれた。

前回は私の意識が身体に戻ろうとして知覚が不安定だったが、今日はバッチリ！　義母の顔もハッキリ見えた。前回白か水色っぽいスーツだと思っていた服は、実はデニム地の上下だった。

上質そうなデニムパンツとジャケットの組み合わせだった。生前にこのような姿を見たことがなかったので意外だった。

（義母の服装について。現実世界に戻ってから妻に詳細を話すと、本気で驚きながらもうなずいていた。義母は昔からオシャレで、行きつけの高級デニムショップがあったとのこと。義母の人生で仕事が一段落した50代後半から60代前半の頃の時期に、よく着ていたお気に入りのスタイルだったそう。私が妻と結婚してからは義母がその服を着ることはなかったので、私が知らないのも当然とのこと。体験が終わってからこの話を聞いて、本当のお義母さんに会っていたと確信できた）

　妻に何かメッセージがないか聞いてみた。

「とてもいいことがあるって言ってやって！　今日だけでなく、毎週、毎週いいことがあるからね。そのように言ってやって！」

（このメッセージを伝えると、妻は号泣した。何か思い当たることがあったのだろう）

　レストランが気になったので聞いてみると、義母はここで時々働いているとのこと。気晴らしにウエイトレスをして楽しんでいるそうだ。店の中を覗くと、明治や大正時代の古い高級レストランという印象で、たくさんのお客さんと、着物に洋風のエプロン姿のウエイトレスさんが大勢いた。

「お義母さんは、今どんな所に住んでいるのですか？」

「素敵な家よ。こちらの世界のお父さんと一緒に住んでいるの」

「こちらの世界のお父さん？」

「そう、会ってみる？」

　と義母が言ったので、一緒にその家に行くことにした。

「ウエイトレスの仕事は？　クビになりませんか？」

「心配しないで、大丈夫よ」

こちらの世界のお父さん、が誰なのか想像してみた。私が感じた印象では、現実世界の血縁関係的なお父さんというニュアンスではない気がした。魂レベルでのお父さんか、あるいはガイドのような人？　どちらにしても興味津々だった。

細い路地を歩いていた。暗い廊下のような所を歩いていると前方から人の下半身だけが見えてきた。こちらに近づくと、少しずつ上半身が見えてくる。私とすれ違う時ははっきりと顔まで見えた。

正装をしてパーティーに行くような、中年の黒人カップルだ。私と顔を合わせると、彼等は私に向かってニッコリと微笑んでくれた。

「お義母さん、今すれ違った黒人カップル誰でしょうね？」

「えっ、誰のこと？」

「今ここを歩いていた人たちですよ」

「ずっと私達だけだったけど」

と義母。

あの黒人カップルは私にしか見えなかったらしい。身体が現実世界にある私が見えたということは、彼等は現実世界に近い存在なのだろうか？　不思議な出来事だった。

　しばらく歩くと昭和30年代前半のような街に着いた。道は舗装されていない。でも白い光に包まれて輝く美しい街並みだった。しばらく行くと、右手に銭湯が見えてきた。この世界にも銭湯があるんだなぁ、と不思議な気持ちになった。

「え〜と、この辺に掲示板が。あっ、あった、あった」と義母が言った。黒板のようなものに男性と女性に別れて名簿のようなものがあって、そこに名前が書いてあった。

「ここに名前が書いてある人達は、私のお友達。この地域で暮らしているお仲間みたいなものね」

　義母がそう言いながらボードを指差して説明してくれた。「ヨシ」という名前だけ覚えている。それ以外にもたくさん説明を受けたが、人の名前を憶えようとして左脳を働かせたみたいで、周囲の景色がぼんやりしてきた。必死で目の前にある神社に意識を向けながら抵抗したが、これ以上知覚を維持するのが難しくなった。義母に「また来ます」と声をかけて身体に戻った。

“

という体験です。いろいろと怪しげな経験をしていますがそれは置いておいて、この部分で言いたいのは義母の服装です。日記の中にも私の注釈として書き残しておきました。私は妻と結婚してから義母がこのような服装をするのを見たことがありませんし、写真でも知りません。私と出会う10年くらい前のことですから、当然といえば当然です。でも妻にしてみれば、その服装はまぎれもなく母の服装とのこと。それも義母が人生で最もイキイキとしていた時代の服装だそうです。こんな何気ない出来事でも、自分の体験を信じることにつながります。

ちなみに義母は現在、死後世界の医療センターで働いているようです。亡くなった直後の魂が生前の人生で受けた心の傷を癒す場所です。さすが元看護師ですね。私はヘミシンク体験で何度かその姿を目撃していますが、妻が見た明晰夢でも同じような義母の様子を話してくれました。こんなシンクロも、非物質体験を確信する助けになります。

## 本当に配達された新聞

体外離脱を体験していて最高に楽しいのは、非物質世界の住人達との会話です。誰でもいいですから適当な人を見つけて話しかけるだけで、奇想天外な出来事を体験できます。ある日2回連続で体外離脱を経験し、2回とも強烈なキャラクターの女性に会いました。そして2回目の体験の後、現実世界で驚く出来事がありました。

体外離脱に成功しましたが、立ち上がって驚きました。いつもなら寝室から廊下へ出てリビング経由でバルコニーに行きますが、今日は部屋の様子が違います。寝室の東壁にクローゼットがあり、その向こうは洗面、浴室です。そしてその先がリビングになります。今日はそのクローゼットの前に立つと、スケルトン状態でクローゼットと浴室が透けて見えました。その向こうのリビングまで見通せます。何だかそのまま近道で抜けられそうだったので、トライしてみました。

すると簡単にリビングに出られました。こんな経験は初めてでした。

いつものように空を飛びながら、誰か会話できる人を探しました。広大な森の上を飛び、やがて住宅地が見えてきました。広場があって、オープンカフェでたくさんの人達がくつろいでいます。そこに着地しました。

最初に目についた、女性2人連れのテーブルに近づきました。一人は長い髪を束ねて編み込んでいる細身の女性。もう一人はショートカットで少しポッチャリ系の女性で、2人とも20代に見えます。挨拶をしてさっそく質問しました。

「この世界で亡くなった人と会うのはどうすればいいのですか?」

すると細身の女性がとても面倒くさそうな顔をします。

「どうしても聞きたいの?」

と言うので、「お願いします」と頭を下げました。

その女性は突然タロットカードを出して、カードを繰り始めました。そしていくつかのカードの束を作って、テーブルの上に並べました。

「このように、まずは分類するのよ」

と細身の女性。

「はぁ?」と私が意味わからないというような返事をすると、

「あなたの意識をこのように分類するってこと」

「??????」

何だかまったくわからないので、もう少しわかりやすく説明してもらうようにお願いすると、

「誰がすべてを教えるって言ったのよ。ヒントをあげるだけ。あとは自分で考えなさい!」

との返事。めちゃ怖い女性です。

すると隣に座っていたポッチャリ系の女性がニコニコしながら、

「それからね、天気を記録しなさい。真夏に夕立で雷が鳴ったりするでしょう? それら

を記録して意識に当てはめて、分類するのよ」

「?????????」

この女性はニコニコして優しそうなのですが、私の質問はこれ以上受け付けないという強い意志を感じます。結局まったく意味不明のまま、身体に意識が戻りました。

ベッドで目を開けると、さっきの会話を思い出しましたが、やっぱり意味不明です。しかし、まったく想定外のリアクションでした。これが楽しいのです。

目が覚めたので起きようと思い、同じように右横向きで寝ていた身体を床に向かって回転させると、床に落ちました。

「ありゃりゃ、ベッドから落ちちゃった～」と思って起き上がると身体はベッドのままです。また体外離脱をしていました。どうしようかなぁと思っていると、「うふふ」という女性の可愛い声が背後から聞こえました。振り返ると、メイド風コスプレをした女性が立っています。年齢は10代後半くらいの印象です。

「新聞をいかがですか。」

と言って私に新聞を手渡しました。

突然声をかけられたのでビックリして、新聞を受け取ったら意識が身体に戻ってしまいました。

目覚めてから妻にこんな体験したよ、と話しました。我が家は神戸に引っ越してから新聞は取っていないので、もちろん手元にありません。せっかくもらったから、久しぶりに新聞を読めば良かったなぁと思っていました。しかし、その後驚くべきことが起きました。午前中少し外出してマンションに戻りました。メールボックスを見ておこうと思い開けてみると、誤配された新聞が我が家のポストに入っています。

その新聞をみて、妻と2人で真っ青になってしまいました。でもその誤配のおかげで、久しぶりにゆっくり新聞を読ませていただきました。

あの可愛い女性は何者だったのでしょうか?

まさか、現実世界にまでリンクするとは思いませんでした。

“

というような体外離脱体験でした。神戸に引っ越してもうすぐ15年になりますが、新聞の誤配なんて1年に一度あるかないかです。そんな状況での体験ですから本当にビックリしました。またこんな体験ができて現実とリンクするなら、いただけるのは美味しいスイーツとコーヒーが嬉しいです。

## アルさんの警告

この本を執筆するにあたって、ヘミシンク、体外離脱、明晰夢、夢日記等の記録をできる限り読み返してみました。すっかり忘れていた体験や、懐かしい体験を読み返しているだけで楽しい作業でした。ついつい時間を忘れて、過去の体験談の世界を満喫していました。そんな時、ある体験談に目が止まりました。こんなことを書いていたのかぁと正直びっくりしました。そして、ちょっぴり恐ろしくもありました。現実世界とリンクしているように思えます。

その話を書く前に、この明晰夢で登場するナイトスクールについて少し説明します。ナイトスクールは私が明晰夢を見ている時、つまり眠っている時に意識だけで参加する学校のような場所です。生徒は現実世界で実際に生きている人が対象で、就寝中の体験ですからほとんどの人が自覚のないまま参加しています。

普通の学校のようにクラスメイトもいれば、教師もいます。私の担当教師はアルファードさん（通称アルさん）という、白髪混じりの短髪で、背の高いハンサムな初老の外国人教師です。生徒は全員この世に生を受けている人間ですが、教師はほとんどが非物質世界の存在です。

ナイトスクールの目的は、人間が生まれてくる前に設定してきた人生の目的を速やかに成就できるよう、潜在意識に働きかけて現実世界での生活を充実させることです。あくまでも人生をよりよく過ごすための非物質体験です。アルさんからそう聞きました。

学校はＳＦ映画に出てくるような建物で、各教室をつなぐ半透明の長くて大きなエスカレーターが印象的です。敷地内にモノレールのような乗り物があり、それに乗って教室を移動することもあります。

アルさんの登場は、その数日前に予告されていました。それはＳＮＳで主催されていたヘミシンクの共同探索に参加した時でした。共同探索というのはヘミシンク愛好者のグループがよく行なうものです。非物質世界で落ち合う時間と場所を決めて、複数の人間が共通の体験をしようと意図するものです。他の人と同じ体験を共有することで、自分の体験に自信を持つのが目的です。

その共同探索は、参加者の意識を一定の時空に集中させることで生じるグループエネルギーを活用して、各自が自分の望む現実を具現化させることを目的としています。

アルさんの登場を予告された、その時の共同探索の体験談の一部を最初に紹介します。これはヘミシンクを使っての共同探索ですが、私はヘミシンクＣＤを使わない、いわゆるノンヘミという方法で参加しています。

”

参加者全員で手をつないでエネルギーチャージをすると、水晶が白く輝き出しました。眩しいくらいの光になった瞬間、私はその水晶にあっという間に引き込まれてしまいました。

しばらく暗い空間を通過してから見えてきたのは美しい森の風景でした。森の木々の向こう側に広い空間が見えます。空は暗いですが見事な星空です。その広い空間を覗きこむと、そこは氷の張った湖でした。

そんなに広い湖ではありませんが、中央に白い光が見えています。その光の近くに行ってみました。白くて細いテーブルがあり、その上に丸い水晶が乗っています。そして、その後ろに真っ白なローブを着た若い女性が立っていました。

金髪ですが、どことなく東洋系の雰囲気を感じます。全身から白い光が溢れていて、周囲は虹色の光に包まれています。手招きされたので、その女性の前に立ちました。

「あなたの願いは私達の願いです。だから既に完成している願いです」

とその女性が言いました。

「でも、私は何も体験していません」

と言うと、

「あなたは以前に、『Are you ready?』という言葉を聞きましたね。その時にすべてがスタートしています」

(この言葉を聞いたのは26年ほど前の体験です。Chapter:9で説明します)

そして私の目の前に「先生」という文字のテロップが現れました。

「あなたにとって『先生』にあたる存在のエネルギーが、直接的な接触を開始しています。あなたは覚えていないか理解していないだけです。明晰夢や体外離脱中に体験をしています」

「どんな姿や方法であなたの前に現れるかは知る必要がありません。様々です。ただ心を開いていつも注意深くしていなさい。目を覚ます必要があります。自分の感情や行動にもっと意識を注ぎなさい。そうすれば『先生』の声が聞こえるはずです」

“

というような共同探索の体験でした。この日の体験の2日後、アルさんが登場する明晰夢を見ました。

”

今朝は面白い明晰夢を見ました。先日の具現化の共同探索で、私が既に接触していると白いローブを着た女性に言われた「先生」らしき人物が登場しました。

最初は夢を見ていたと思います。背の高い短髪の男性が目の前に立っていました。スーツ姿の外国人で、年齢は60歳前後くらいの印象です。黒い大型の犬を一匹連れていました。真っ黒ですが、目のあたりに赤いラインが走っている見たことのない犬種です。

「君がメンバーになれるかどうかのテストだ。この犬を君になつくようにしてごらん。2日あげるから」

と言われました。

その時に夢だと気がつきました。でも夢をコントロールができない状態で、夢だと気づいて客観的にその状況を把握しながら、同時に夢の進行をそのまま体験しなくてはなりませんでした。

その犬の怖いこと。少し近づくだけで歯をむき出して唸ります。でも私には簡単でした。少しずつ距離を縮めて視線を合わし、犬が好きそうなオヤツをイメージで出して差し出すと、すぐに仲良くなれました。あっという間になで放題のワンちゃんです。

その男性に連れていかれたのが、ビルの中にあるオフィスのような場所でした。広いスペースに机がいくつか向かい合わせに並んでいます。私の新しい仲間だと言われて紹介されたのが、男女合わせて10人くらいのグループでした。私の座る席はその男性の斜め前でした。

正面には若い男性がいて、左隣に若い女性がいたのを憶えています。犬を連れてきた年配の男性がそのグループのリーダーのようで、それぞれの人に課題を与えています。

私の課題は隣に座っている女性の意識と共鳴して、「その人が今一番必要としている本を探して渡しなさい」という課題でした。直観でその人の必要な物を感じて、その人の役に立つ本を探すのです。

目の前に大量の本がありました。見たことのない本ばかりです。それら1冊1冊を見ていると、突然〝ピン!〟ときた本がありました。小中学生を対象にした量子物理学の本でした。その本を手に取って隣の女性に渡すと、その年配の男性が拍手をしてくれました。

「よくわかったね。上出来だよ。少しエネルギーが不足しているようだから、これを食べなさい」

と言われてお弁当を貰いました。そのお弁当はどう見ても日本の幕の内弁当でした。塩鮭がしょっぱくて、ご飯にまぶして食べたのを覚えています。私が本を渡した女性と食事をしながらいろいろ話をしました。

私はこの女性を明らかに知っています。明晰夢での顔は外国人なので別人ですが、確かにどこかで会ったという直感がありました。

そのうち窓の外で物凄い音が聞こえてきました。窓を覗くと竜巻のような風にビルが巻き込まれています。するとそのリーダーの男性は、

「これは、マズイ!」

と叫ぶとビルの10階くらいの場所なのに窓から飛び出していきました。

そして空中に浮かび、身体から光を放っています。すると、その竜巻が2つに分裂して消えていきました。皆で拍手喝采でした。まるで海を2つに分けたモーゼのようでした。

皆で窓を覗きこむと海岸が見えます。 リーダーは大きな津波がもうすぐ来るから注意するようにと言いました。 すると、一度だけですがあたりを飲み込むような津波の映像を見せられました。その様子を皆で見ている途中で、意識が身体に戻りました。

ひょっとしてこのリーダーの年配の男性が「先生」なのでしょうか?

身体から光を出している姿を見て思い出したことがあります。2009年の8月3日に見たヴィジョンの体験です。

最初は10人くらいの人影が見えて、そして網目状の複雑な模様が見え始めました。そし

て光り輝く人が現れて自分の名前を「アルファード」と名乗りました。

車と同じ名前なので疑いましたが、

「それはあなたの名前ですか？」

と聞くと右耳だけに〝ブ～ン〟という圧力のある耳鳴りがしました。もう一度聞くと、同じように右耳に返事がありました。

その朝、起きてから調べると「アルファード」とはギリシャ語で最も明るい星という言葉で、そこから来た造語とのこと。そして実際にある星の名前で、海蛇座のα星とのことです。

「アルファルド」と呼ばれることもあり、ドラゴンと関係が深いそうで「ひとつ星」とも言うそうです。ひょっとしてあの年配の男性は、その「アルファード」さんかも。

そして先日の共同探索で体験した「先生」かも。

何となくですが、そんな印象を感じています。

“

これがアルさんとの出会いです。この時の年配の男性がアルさんだということは今では確信しています。ナイトスクールで何回もアルさんの授業を受ける度に、アルさんからいろいろ聞きました。私は古代ギリシャ時代の自分の過去生を見せられたことがあります。そういった意味でもギリシャ語に由来のあるアルさんの名前は意味深ですね。

私が本を渡した女性の名前は、のちにゼロだとわかりました。ゼロについては後述します。

この本を渡す場面は、私が書いた『ゼロの物語』にも登場します。

さて、私がこのエピソードを読み返していて驚いたのは、津波の記述についてです。2010年の12月に、もうすぐ大きな津波が来るから注意するように言っていたアルさんの言葉を読み返して、翌年の東北の震災を思い出してしまいました。

震災が発生した時にこのアルさんの言葉を思い出すことはありませんでしたし、アルさんの発言が震災のことを言ったのかどうかもわかりません。アルさんも津波の場所や時期には一切言及していません。ただその時に見せられた映像と、現実の震災の様子が私には重なって感じられました。

## 本当に大切なことは

ここまで非物質体験と現実世界とのリンクを見てきました。ここで紹介したエピソード以外にも、同じような体験がいくつもあります。夢体脱を体験する度に感じてきた不安や疑いも、このような現実世界とのリンクを経験することで何度も自信に変えることができました。

この本を読まれて実際に夢体脱を体験されるようになると、試行錯誤しながらも私と同じような経験ができると思います。そして自分の体験に自信が持てるでしょう。

しかし、ここまでこのような事例を書いてきた私が語ることではありませんが、そんな自信なんて本当はどうでもいいのです。非物質体験に関する自信を持つことで、初めてそのことに気がつくと思います。自分の体験に悩んで、疑って、不安を感じて、それらを一度自信に変えることは必要だと思います。でも矛盾しているように感じますが、確固たる自信を一度しっかりと持つことで、ようやくその本質に気がつきます。

体験なんて所詮はただの体験です。それが自分の創り出した妄想であるか真実であるかは、どちらでもかまいません。是か非かにこだわる思いは執着を生むことにしかなりません。

**本当に大切なのは、自分が経験した体験を自分の人生に活かしていけるかどうか**です。涙が溢れるような感動的な高次の体験をしても、人生や運命を呪っているようでは意味がありません。逆に妄想いっぱいの体験でも、自分の人生をあるがまま受け入れて前に進んでいけるのなら、それは最上級の体験となります。

これは私がこの本を通じて一番言いたいことですので、しつこいくらい登場すると思います。この現実世界に生きている人間は、現実世界で幸せになる必要があると思います。そのために生まれてきたのです。

非物質体験はそのための道具にしか過ぎません。その体験を追い求めるのは人生をより豊かにするためです。そのことを忘れないようにして、夢体脱の旅を楽しんでください。

いよいよ次のChapterからは、夢体脱の具体的な方法を述べていきたいと思います。

## まとめ

妄想と決めつけず、体験の証拠を見つけ、自信をつけていくこと
夢体脱が核心に変わるような現実世界とのリンクを発見していく
自分の体験を、現実の人生に活かしていけるかどうかが大切

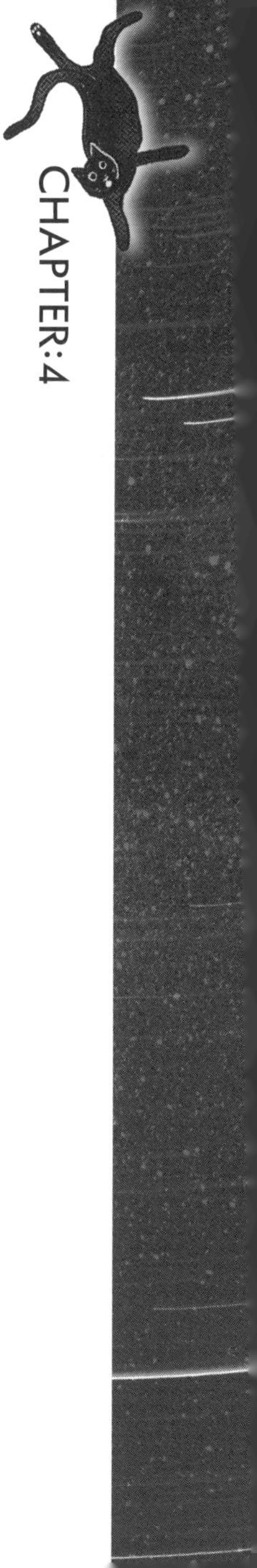

CHAPTER:4

# 明晰夢を見る方法

## 睡眠と夢について

まずは明晰夢を見る方法についてから始めます。

明晰夢は先に説明した通り、「夢を見ていて、その体験が夢だと気がつく状態」です。明晰夢が始まると体外離脱とまったく同じ体験になります。

ただし体外離脱は、身体から魂が離れるという先入観ゆえの恐怖感を持たれる方もいらっしゃいます。ですからまずは、明晰夢の世界を堪能するのが最適だと思います。夢の世界を入り口にして、非物質世界の探索に進みましょう。

さて、夢とは何でしょうか？

脳生理学、心理学、そして精神世界においても、夢に関してそれぞれ独自の切り口で解説されています。私の大好きな本に、ナムカイ・ノルブさんの『夢の修行：チベット密教の叡智』（法蔵館）があります。その本でノルブさんが述べている夢の解説が印象的でした。夢には2つの種類があるそうです。

## 「カルマの夢」と「光明の夢」

**「カルマの夢」というのは、原因があって見る夢**です。例えば職場や家庭で嫌な出来事や心配事があり、それに関する夢を見ることがあります。その原因は現在の人生だけでなく、過去生での経験から発生する夢も含まれるそうです。心理学で考えられている夢の解釈に近く、日常生活における葛藤を整理統合するのが「カルマの夢」の目的とのこと。原因を過去生まで含めているのは、チベット仏教独特の発想だと思います。

**「光明の夢」というのは、人生に大きな洞察やインスピレーションを与えてくれる夢**です。科学的な大発見や新薬の開発等を、夢の体験から導いたという例はいくつもあります。

天才的な音楽家が、夢の世界で聞いた音楽をそのまま楽譜に残したという話も残っています。チベット仏教では、夢で現れたラマ（チベット語で卓越した先生の意味）から新しい教えを授かったという話が伝えられています。

皆さんに体験していただきたいと思っている明晰夢や体外離脱という体験は、この「光明の夢」と同じ解釈に属するものだと考えています。

夜ベッドに入ってから翌朝目覚めるまで、私は数えきれないほどの夢を見ます。昼間の出来事に影響された夢や、心配事が夢になって現れたものもあります。しかしそれ以外に、「光明の夢」という解釈に当てはまる夢も多く見ます。そんな洞察的な夢を、私は以下のように理解しています。

**現実世界の意識が、多次元に存在する自意識と共鳴した状態。**

どこかで見た内容ですね。

そうです！　体外離脱と明晰夢の現象と同じ定義です。人生に大きな洞察を与えてくれる夢は、体外離脱や明晰夢と同じ現象だと考えています。夢というものは、それ自体が素晴らしい非物質体験なのです。

自分はスピリチュアルな体験がまったくできないと悩んでいる方でも、夢を見たことはあると思います。つまり誰でも、高次の自分とつながる体験を毎日しています。そのプロセスや個人の解釈、意識の共鳴状態の違い等が存在するだけです。

「ただの夢だから」と夢の体験を否定しないでください。現実世界も含めたすべての体験が、ある意味「夢」なのですから。

夢の世界には、人生に素晴らしいものをもたらしてくれるお宝が用意されています。それを受け取るか拒否するかは、自分次第です。そしてただ漫然と夢を見るだけでなく、意識的に夢の世界にアプローチしていくのが体外離脱であり、今説明している明晰夢です。

以上が私の夢に対する考え方ですが、意識的にその夢の世界に入っていくためには相手を知る必要があります。そこで睡眠について、基本的なことに触れておきたいと思います。この内容は体外離脱と明晰夢に共通するので、大切なポイントです。

脳生理学的に言うと、人間の睡眠は90分サイクルになるそうです。だから6時間眠った人ですと、4サイクルの睡眠を経験していることになります。

このことを確かめたかった私は、自分で人体実験をしました。私は眠りが浅くて何度も夜中に目が覚めますので、その度に経過時間の記録を取りました。4～5カ月以上は続けましたが、ほぼ確実に90分サイクルで目が覚めます。

その90分の間は眠っていますが、目覚める直前に必ず夢を見ています。時計を見ると、眠り始めた時間からほぼ90分。せいぜい5～10分以内の誤差です。この90分サイクルという現象は、人間の脳波と目の動きによって実証されてきたそうです。

人間は眠った直後、ノンレム睡眠という状態に入ります。眼球が動かない状態です。しかし時間が経つとレム睡眠へ移行します。今度は眼球が動きます。このノンレム睡眠とレム睡眠には相関関係があります。

眠りについた直後の90分サイクルでは、ノンレム睡眠の比率が高いとされています。しかしサイクルを重ねるごとに、レム睡眠が増えていきます。起床時間に近づくサイクルになればなるほど、レム睡眠の時間が増えます。

ノンレム睡眠中に被験者を起こすと、寝ぼけたような状態になり、レム睡眠中に起こすと、「夢を見ていた」と必ず言うそうです。つまり眠った直後は夢を見る時間は少ないのですが、明け方の起床時間が近づくほど長い時間夢を見るということです。

先ほど紹介した『夢の修行』の本には、明け方になればなるほど「光明の夢」を見やすいと書かれています。これは実感として納得できます。

脳生理学的に言うと、8時間の睡眠で約2時間の夢を見ていることになります。平均寿命で計算すると約5年分。一生の間に5年間は夢を見ています。よく「私は夢を見ない！」と言われる方がいます。しかし、それは正確な言い方ではありません。どんなに夢を見ないと豪語する人でも、実験をするとノンレム睡眠とレム睡眠の周期を繰り返すそうです。そしてレム睡眠中にそんな人を起こすと、「夢を見ていた」と答えるとのこと。どんな人でも、必ず夢を見ています。「私は夢を見ない」ではなく、「私は夢を覚えていない」というのが正解です。

ある面白い実験の話を読んだことがあります。方法は忘れましたが、特殊な方法でレム睡眠にならない状態にします。そうしてノンレム睡眠を継続させます。そんな状態にされた人が一定の時間を過ぎると、完璧にレム睡眠だけの状態が続くそうです。

つまり人間の睡眠には、夢を見ない時間と見る時間があらかじめセットされていて、そのバランスが崩れると、強制的につじつまを合わせようとするそうです。だから人間は、一定時間は夢を見ることが義務づけられていると言っていいのかもしれません。

私がさきほど定義した光明の夢＝「現実世界の意識が、多次元に存在する自意識と共鳴した状態」を思い出してください。人間はある一定時間、別の次元の自分と共鳴することが必要なのではないでしょうか。人間を長時間眠らせない実験をすると、その被験者が体験する感情は孤独感だそうです。こんな実験結果だけでも、人間が多次元の存在であることがわかります。

## 明晰夢を見るための手順

さて、これから明晰夢を見るための具体的なテクニックを述べていきますが、わかりやすいように全体の流れを項目別にまとめておきます。本文を通読していただいた後、就寝前にこの項目を見て具体的なノウハウを思い出してください。明晰夢を見るための基本的な4項目です。

**明晰夢に対する目的意識を明確にして、根気を育成する**
**夢日記をつけることで、夢が記憶に残るようにする**
**根気を駆使することで、潜在意識に働きかける**
**夢日記を応用して、夢のパターンを見つける**

## 夢の記憶と夢日記

それでは明晰夢を見る手順を具体的に説明していきましょう。明晰夢を見るために、私は大きく分けて2つの道を利用しています。その2つの道についてこれから順に述べていきますが、その前に明晰夢を見るための準備段階について説明しましょう。

明晰夢や体外離脱を体験するのに最も必要なものは、「根気」です。私は1年で約100回の体外離脱を体験していますが、体外離脱するための試みは毎日です。つまり10日挑戦しても、そのうち7日以上は失敗しています。

Chapter:2でも述べましたが、私が体外離脱を体験したいと真剣に思ったのは、ロバート・ピーターソンの『体外離脱を試みる』(VOICE)を読んだ時です。すぐに挑戦しましたが、まったく体験できませんでした。その本を出版当時に買ってから、何度も体外離脱に挑戦しました。しかし、私が初めて体外離脱を体験したのは9年後でした。何度も言いますが、最も大切なのは「根気」です。そしてその「根気」を支える自分自身の「意図」です。

## 明晰夢や体外離脱を「本当に」体験したいと「本当に」思っているか？
## その体験を通じて何かを学びたいと「本当に」思っているか？

その部分が脆弱だと、できない理由を自分で創作します。でもその「意図」が揺るぎないものになっていると、ちょっとやそっと失敗してもくじけず挑戦できます。

「意図」と「根気」を確立できれば、明晰夢を見る次の準備段階として自分の夢を知る必要が出てきます。自分が普段どんな夢を見ているかを知らないと、夢をコントロールすることはできません。まず大切なのは夢を覚えていることです。

前節で触れましたが、夢を見ない人はいません。覚えていないだけです。しかし夢の記憶に関しては個人差があります。日常の生活習慣や体質等で、夢を覚えている人とそうでない人に分かれるようです。

深夜まで残業となった、あるいは体調不良の場合は、就寝する時にはかなり疲れています。

そんな時は身体を休めることが主になりますから、夢を記憶することが難しいかもしれません。

また体質的に、眠りが深い人と浅い人があります。相対的に眠りが浅い人のほうが、よく夢を記憶しているようです。その代表が私です。私の妻は逆に朝まで意識のないことが多く、深い眠りに入っていますから、私に比べて夢を覚えていません。

夢をよく見る人の場合はいいですが、夢をあまり覚えていない人は夢を記憶するための工夫が必要です。つまり、浅い眠りの状態を意図的に作ります。

平日の仕事がハードであまり睡眠時間を取れない人は、休日に挑戦するのがいいかもしれません。普段5時間くらいしか眠っていない人でも、9時間ベッドに入ったら眠りの浅い時間帯が発生します。その時には、夢を見る可能性が高くなります。

私の妻は普段はあまり夢を見ない体質ですが、昼寝をした時はリアルな夢を見るそうです。夜は今まで通りに眠って睡眠時間を確保し、翌日の昼寝で浅い睡眠を体験するというのも効果的です。**昼寝というのは、実は体外離脱を誘発しやすい行動**です。

とりあえず今は明晰夢がテーマですので、浅い睡眠で夢を記憶することに挑戦してみてください。「私は夢をまったく見ない！」という方でも、睡眠のパターンを崩すことで夢を見ている記憶を残せます。夜更かしをやめて早くベッドに入ったり、時間を見つけて昼寝をしてみたりしてください。

とにかく「私は夢を見ない」という固定観念を手放すことが大切です。その固定観念がしぶとく居座る限り、明晰夢の体験はなかなか近づきません。最初のステップは、「私は夢を覚えられる」を実感することです。どんな人も必ず夢を見ていますから、あの手この手を使って、夢を覚えることにトライしてください。

次の段階は、夢を記録することです。

「夢を見た！」と思って目覚めても、そのままですと起床した時に思い出せないことがほとんどです。布団から起き上がって身体を動かすだけで、あっという間に夢の記憶は消えていきます。

枕元にメモとペンだけでいいですので、置いておくことをお勧めします。今ならスマートフォンという便利な道具もあります。夢を見たと思って目覚めた時に簡単なメモを残すだけで、起床してからその夢の記憶を呼び起こせます。詳細に書く必要はありません。登場人物とそのポイントをメモするだけで、慣れてきたら起床後に夢の中での詳細な会話まで思い出すことができます。

夢は荒唐無稽です。現実世界では絶対にやらないことを平気でやります。時間や空間に制限されない世界ですので、起床してしばらく経過すると夢の内容があやふやになります。そうなると現実世界の意識で無理に解釈しようとして、他次元での経験を変容させてしまいます。だからこそ夢を見た直後に、メモをとることが大切になります。

さらにできる人は、夢の体験を記録した**夢日記**を作ることをお勧めします。どんなに変な夢だと感じても、ありのまま記録してください。この夢日記はメッセージの宝庫です。その時には理解できなくても、後に驚くような事実に出会ったことが何度もあります。

私は夢日記、体外離脱日記、明晰夢日記、ゼロとの交信日記、ヘミシンク日記というジャンルに分けて記録し、パソコンに残しています。それらのほとんどは、他の方に読んでいただけないプライベートな内容ですが、大切なメッセージが含まれていると思っています。

最初は面倒ですが、慣れたらなんでもありません。準備ができれば、いよいよ実践です。

## 潜在意識への働きかけ

明晰夢を見るために2つの道を紹介していますが、一つ目は潜在意識への働きかけです。明晰夢を見るのは、実は理論的にとても単純です。夢を見ている時に、「これは夢だ！」と気づくだけです。しかし単純ですが、これが実に難しい。

夢を見ている最中は、どれほど不思議な世界でも、理不尽な世界でも、まったく変だと思いません。時間が存在していないような世界で、場面もコロコロ変化します。亡くなった人と普通に会話をしたり、現実世界では面識のない人と古くからの知り合いのように仲良くしていたりします。

現実世界の意識を保持していれば、どう考えても変だと思う状況ばかりです。でも夢を見ている時は、その状況を変だと思いません。

夢の世界では通常の理性は機能していませんので、夢の出来事を通してその不可思議さを看破するのは基本的に無理です。どこか変だからこの体験が夢だと気がつくのは、ある程度明晰夢に慣れている人です。私のように子供の頃から明晰夢を見慣れていると、何気ない夢の状況から夢だと気がつくことがあります。

夢の中で誰かと話していた会話の内容で、突然夢だとわかることがあります。裸足で歩いていて、あるいは裸で歩いている自分の姿を認識して、夢だと気がつく場合もあります。亡くなった人と突然遭遇して、夢だと気がつくこともあります。アルさんの姿を見るだけで、すぐに夢だとわかるような場合もあります。

では、明晰夢を見慣れていない人はどうすればいいか?

その答えは、理屈で考えることを止めることです。

**理論的に明晰夢を見ようとしないで、人間の「癖」を利用して夢だと見破る**のです。ある特定の「癖」を利用することにより、**「これは、夢ではないか?」**という貴重な質問を自分の意識から引き出すのです。そのたった一つの質問で、夢の世界は単なる夢から明晰夢へと劇的に変化します。

その「癖」とは、誰でも身につけられる簡単なものです。

毎日の現実生活の中で、「これは、夢ではないか？」と自分に問い続けます。たったそれだけのことです。ただし「癖」になるまで、徹底的にその問いを自分に投げ続けなくてはいけません。日常生活では仕事があったり、家事があったりと様々な活動をしていますが、とにかく時間のある限り「これは、夢ではないか？」と問い続けてください。

そのコツはしつこさと根気だけです。

頭で考えなくてもその問いを発せるほど、徹底して「癖」化していきます。潜在意識にその「癖」を浸みこませる必要があります。夢は潜在意識の世界ですから、顕在意識から潜在意識にその問いを発し続けてください。

その問いが潜在意識に浸透していくと、無意識に自分に問うという「癖」がつきます。そして自分に向けて発せられた問いに対して、無意識に答えようとするのが人間の意識構造です。

ですから荒唐無稽でも変だと思わない夢での意識が、突然発せられたその問いに答えを求めてしまいます。その後は簡単です。「これは、夢ではないか？」と夢の中で自分の心に問うた時点で、あなたはその世界が夢だと見破っています。

## ようこそ。ここからは明晰夢の世界です。

その「癖」をより効果的に浸透させるコツを紹介します。頭でその問いを発した時、同時に身体の動作を付け加えます。私が利用したのは、先に紹介したカルロス・カスタネダの著書の受け売りですが「両手を見る」という行為を付け加えます。「これは、夢ではないか？」という問いを発したと同時に、両手を凝視します。

これをひたすら繰り返します。何度も繰り返しているうちに、問いを発することと両手を見ることが完璧にリンクしてきます。そのうち問いを意識しなくても、両手を見るだけで「これは、夢ではないか？」という問いが心に浮かぶようになります。ここまできたら完璧です。

問いを発するという「癖」と、両手を見るという「癖」が、定食セットのようになっていきます。だから夢のなかで問いを思い出せなくても、両手を見るという「癖」を実行するだけで、その問いが自動的に起動します。

この問いと組み合わせる動作は、自分の好きな方法でいいと思います。ただし後述しますが、両手を見るという「癖」は体外離脱を体験している時に、知覚を安定させるのに利用できます。だから両手を見ることを「癖」にしておくと、一石二鳥ですよ。

毎日の生活の中で、潜在意識に夢への問いを浸透させてください。そして、それを夢の中で実際に試してみてください。

**特に明け方は「光明の夢」の時間帯ですので、高次の自分やガイドがあなたに接触を試みる時間帯です。**起床予定時間より1~2時間目覚まし時計の時間を早く設定してみましょう。そして、一度しっかり目を覚まして、もう一度眠りにつきます。慣れてくるとわかりますが、その時間帯の眠りは目を閉じればひたすら夢の世界が続いています。

その大量にやってくる夢を使って、潜在意識に刷り込んだ問いを発してみてください。ある時、「これは、夢ではないか?」という問いが完璧に発せられると思います。その瞬間、あなたの目の前でガイドが微笑んでいるかもしれません。

## 夢のパターンに気づく

2つ目は応用編になりますが、一つ目の「癖」と併用するとより効果的だと思います。先に夢日記の重要性について説明しましたが、夢を意識することと夢日記を利用することが今回の方法の中心となります。自分の見ている夢のパターンを知ることによって、夢だと気がつくという方法です。夢日記をつけることの大切さを、この方法を応用することでわかっていただけるかと思います。

夢日記を長い期間つけていくとわかりますが、よく見る夢の「パターン」に気づきます。夢は日常生活での悩みごとや仕事等のストレスにより影響されます。そのような夢はその時だけの一時的な影響のように思いますが、その夢の本質を詳しく観察してみると、特定の「パターン」があるのに気がつくはずです。

また、そういった日常生活に影響を受けないで、子供の頃からよく見る夢の「パターン」も存在します。それぞれの夢の「パターン」を自分なりに分析して、自分の意識に刻みつけるのです。これも根気がいる作業ですが、必ず夢の中で「パターン」を認識できるようになります。これだけでは抽象的な説明ですので、私の体験から具体的な雰囲気をつかんでください。

私は子供の頃から明晰夢を見るようになったのですが、その明晰夢を誘発していた夢の「パターン」とは怖い夢でした。幽霊や怪物に襲われる夢。銃で撃たれたり、槍で刺されたりして殺される夢。暗闇を誰かに追われて、逃げ続ける夢。こんな夢をよく見ますので、子供の頃は眠るのが怖かった時期もありました。映画の『エルム街の悪夢』状態です。でもある時、追い詰められて死を覚悟しつつも、これが夢だったらいいのにと本気で願いました。そして反射的に目覚めようとしました。するとその夢から本当に目を覚ますことができました。無理やり目をこじ開けて、現実世界へ戻れたのです。見ている悪夢を明確に夢だと認識しているわけではありません。だけどこの行為は、潜在的にその恐怖体験が夢だと気づいている証拠になります。

ここまでくれば明晰夢の一歩手前です。そのうち目を覚まさなくても、その恐怖から逃れる術があることに気がつきます。「これは夢だ！」という一言を宣言するだけです。その瞬間、夢の世界を自由にコントロールすることができます。

ハリーポッターの原作を読んだ、あるいは映画を観られた方ならご存知だと思いますが、『アズカバンの囚人』でホグワーツの生徒達が、自分の恐れる存在を笑えるものに変化させるという魔法の練習をします。あの映画のシーンと同じで、今まで恐怖の存在だったものをまったく無害なものに変身させることができます。あるいは、その存在そのものを消滅させることも可能です。

もう少し具体的な例を出しましょう。私がよく見ている夢の「パターン」です。真っ暗なビルの中を誰かに追いかけられて逃げています。夢だと気がつくまで必死で逃げます。そして、いつもたどり着くのが階段です。これも「パターン」ですね。そして、急いで階段を降ります。最初は1段ずつ階段を降りていますが、早く逃げたいので2段飛ばして降りたりします。もっと早く逃げたいので、階段をさらに早く移動しようとします。そのうち踊り場から次の踊り場まで飛んで逃げます。それを少し繰り返していると、「あれ？」と思い始めます。

〈どうして、こんなに一気に階段を降りられるのだろう〉

〈あっそうか、これは夢だ！〉

この後は、逃げるのをやめて探索が始まります。

ストレスを感じている時に、私がよく見る夢の例も紹介しましょう。税理士事務所で働いていた経験があるせいか、申告期限が迫っているのに仕事が終了していない夢をよく見ます。ストレスから来ている夢の「パターン」です。夢によって詳細なシチュエーションは違いますが、基本的に感じているストレスは同じです。大切なのはその夢の「パターン」を徹底的に感じることです。この夢の場合は、そのストレスを限界まで感じることに意味があります。ストレスが限界に達するとウンザリします。途方に暮れます。そして何もかもが嫌になります。

その時、フッと感じます。

〈これが夢であったらいいなぁ〉

ここまできたら簡単です。あっという間に夢だと気がつきます。

話は逸れますが、これは現実世界にも応用できそうですね。人生でツライことやウンザリすることが続いた時。自分の人生を嘆き悲しんで、何もかも嫌になった時。現実世界のすべてが夢だと気がつくかもしれません。

何となく雰囲気を感じていただけたでしょうか？　夢の「パターン」は人それぞれですので、

その人独自の気づき方があると思います。大切なのはその「パターン」を日頃から意識しておくことです。例えば異性と交流する夢をよく見る人でも、それは立派な「パターン」になります。自分の理性を抑えられないくらい魅力的な異性が夢で登場した時、その性的衝動から夢だと気がつくこともあります。現実世界では絶対しないような行動によって、それが夢だと気がつくこともあります。いろんな「パターン」を経験して明晰夢に慣れてくると、「パターン」が存在しなくても夢だと気がつくようになります。先ほども書きましたが、私も最近は意味もなく突然に夢だと気がつきます。

夢の世界は巧妙です。どんなに変な状況でも夢だと気付かれないように要塞化されています。その壁を通り抜けるためには、相手を知り、弱点を利用することです。明晰夢を見るための2つの道は、そんな夢の扉を開ける方法です。是非とも要塞の扉を開けて、自分の意識の自由な世界を堪能してください。ここまでが明晰夢の基本的な4項目の説明になります。

## 明晰夢の上級テクニック

次に少し上級編の明晰夢を紹介したいと思います。この内容は本来なら体外離脱の項目に入れるべき内容かもしれません。私がこの明晰夢を初めて体験した時は、体外離脱を試みている最中だったからです。ある意味体外離脱の副産物のような体験でした。

しかし身体を抜けるという感覚を伴いませんので、明晰夢の項目で紹介することにしました。この明晰夢がどのような体験なのかを説明すると、以下の表現が最も適切だと思います。


**自分が見ているヴィジョンの世界に、入り込んでしまう体験。**


別の言い方で説明すると、「**現実世界の意識は連続しているが、身体を抜ける感覚を体験しない体外離脱**」と言ってもいいと思います。体験が始まると体外離脱や明晰夢とまったく同じ状態になりますので、それらと同じことを体験することが可能です。

この明晰夢を体験する具体的な方法は体外離脱の方法と同じですので、内容が前後しますが後述する体外離脱方法を参考にしてください。体外離脱の前兆段階で起きる現象です。

意識をリラックスさせて変性意識状態で体外離脱の前兆を待っている時、ヴィジョンが見えるようになってきます。この段階ではヘミシンク体験と同じです。意識の主体は肉体にありますので、自分の身体を感じながら、目を閉じたままでヴィジョンが見えている状態です。

その時の意識状態によって、ヴィジョンがリアルに感じられたり、おぼろげだったりします。その状態がしばらく続いた後、ある臨界点を超えると一気にヴィジョンの世界へ入ることができます。Chapter:2でも述べましたが、これは肉体の意識の「集合点」と非物質世界の意識の「集合点」が完璧に共鳴現象を起こした瞬間です。だから現実世界の意識を保持したまま、非物質世界の体験ができます。その時に意識の主体は肉体から非物質世界に移行していますので、自分の肉体に関する感覚は消えてしまいます。つまり非物質世界が、その時のあなたにとってリアルに知覚する世界に変化します。

その共鳴が起こった瞬間を知る具体的な状態が2つあります。

## 自分が見ていたヴィジョンの世界が、突然照明が灯《とも》るように「フワッ」と明るくなる

これは実際に体験するとよくわかりますが、明らかに今までのエネルギーと違う場所に移行したのがわかります。夕暮れに照明をつけずにぼんやりしている時、家族の誰かが帰ってきていきなり照明のスイッチを入れた瞬間に似ています。突然、周囲の明るさに気がつくという雰囲気です。

## 非物質の「身体」が出現する

それまではベッドで横になっていた自分の手足を認識していましたが、いきなり非物質世界の身体を知覚するようになります。もちろんそうなると、肉体の手足の知覚は消失します。

非物質の身体を新しい身体として認識することで、共鳴した非物質世界を現実と同じ感覚で知覚することができます。だから布団に中に入っているはずの両手が布団を突き抜けて見えた

時、その両手は既に非物質の身体に移行しています。私が初めてこの明晰夢を体験した時の日記を読んでいただいて、どのような雰囲気だったかイメージしてみてください。

”

体外離脱をしようと集中していた。いろんなヴィジョンを見始めたが、それを楽しみながらもなかなか体外離脱の前兆がこない。そのうち、ヴィジョンが少しずつリアルに感じられてきた。

ふっと気がつくと明かりのついた部屋で、知らない女性が炬燵《こたつ》のようなものに座っている。よく見ると、そこは自分の寝室だ。でもベッドもない。あまりにリアルな映像なので驚いて見ていた。

しばらくすると、客観的に見ていたはずの映像世界に自分が存在していた。映画のスクリーンの中に入り込んでしまったような感覚だ。その世界は自分が創り出した意識世界だとわかっているので、部屋にいた女性のことは忘れて、部屋の外に出て明晰夢と同じ状況かどうか確かめたくなった。

マンションのドアを体外離脱のときのように抜け出ないで、鍵を開けて廊下に出た。外に出ると少し視界が悪かった。体外離脱時のように壁を触りながら歩いていたが、どこか

“でドアの開く音に驚き、ベッドの自分に戻ってしまった。とても不思議な体験だった。

というような明晰夢でした。この時の女性は後から思い返すとメインガイドの飛鳥さんだったと思うのですが、もう一人女性で思い当たるのが宇宙人のゼロです。飛鳥さんに比べれば若い女性だったような気がします。

明晰夢は夢を見ている途中で夢だと気がつくものです。でもこのように意識が連続した状態で、明晰夢と同じ体験ができることを知っていただくのがこの体験を紹介した目的です。

明晰夢はこんなものだ！　体外離脱はこんなものだ！　というように自分の固定観念で縛ってしまうと、同じような体験をしている自分を制限してしまうことになります。こんなこともあるんだ、ということを知っていただけたら嬉しいです。

何度も書きますが、体外離脱も明晰夢も同じ現象です。肉体意識の「集合点」と多次元の自分の意識の「集合点」が共鳴している現象です。ですから大切なのはそれらの体験で自分が何を学びたいかということですので、特定の体験方法に固執するべきではありません。自分に合った方法を見つけて、自分のペースで探索していくのが一番だと思います。

私の目標は、すべての夢を明晰夢にすることです。まだまだ、普通の夢として見ている夢がほとんどですから。そして夢を見ていないノンレム睡眠中も、現実世界の意識が覚醒している状態でいたいと思っています。つまり、24時間無意識状態に一度もならずに、体験でき得る限りの世界を知覚してみたいと願っています。

## 明晰夢のサプライズ機能について

明晰夢には、私がサプライズ機能と呼ぶものがあります。体外離脱と明晰夢の違いは、非物質体験をするときのスタート地点だと説明しました。体外離脱は日常の意識から非物質世界へと移行します。次のChapterでノウハウを説明しますが、その手順どおりに進めた場合、ほぼ同じパターンで体験が始まります。体外離脱は私の場合だと、99%以上はベッドの上で肉体を抜けるところからのスタートです。肉体から抜ける方法がその時によって違うだけです。

ですが明晰夢の場合は、先に夢を見ています。その途中でそれが夢だと気づいてから体験がスタートします。私が明晰夢のサプライズ機能と呼んでいる体験は、スタート地点が毎回違うという性質がなければ発現しません。どこから始まるかわからない。だからこそサプライズ機能と呼んでいます。

体外離脱によって非物質世界へと移行した場合、肉体に近い意識体との共鳴で体験が始まります。だからより振動数の高い世界へ移行するには、共鳴している意識体を乗り換える必要が生じます。乗り物に例えるなら、徒歩から自転車、自転車から自動車、自動車から列車、列車から飛行機という感覚で意識体の乗り換えを重ねることで、振動数の違う世界を経験することができます。もちろんいきなり飛行機に乗ることも可能です。だけどそれにはかなりの経験と練習が必要になります。

ところが明晰夢のサプライズ機能の場合、夢だと気づいた世界がいきなり振動数の高い場所だったということがひんぱんにあります。最初に書いたように、人間は多次元の存在です。それゆえ振動数の高い世界とは常に繋がっています。たまたま見ていた夢が意識の振動数が高い場所の場合、明晰夢へと移行することでその世界をリアルに体験できます。自分の居場所を予測できないという意味で、まさにサプライズなんです！

私は何度もそのサプライズを経験しています。夢だと気づいたとたん、そこが光に包まれた世界だったり、宇宙空間だったり、後述しますがゼロという存在が暮らす惑星だったりしました。宇宙人が集まるパーティー会場にいきなり放り込まれたこともあり、そこで懐かしい存在と再会したという経験もあります。

もちろん体外離脱でも振動数の高い世界を経験することができます。だけどそれには自分の振動数を上昇させていく技術、あるいは意識改革が求められます。それがうまくいかないと、食欲や性欲を満たすだけの体験で終わってしまいます。

最近では明晰夢に興味を持つ方が増えているとのこと。リアルな非物質体験を求める人にとって、明晰夢は初心者向きです。明晰夢を見るテクニックを身につけることで、自分の高次意識とつながり、その世界を体験する可能性が高くなるからです。そんな世界を体験してみたいなら、まずは明晰夢にトライしてみましょう。想像もしなかった体験が待っているはずです。

## まとめ

- 意図的にその世界を体験するのが、体外離脱であり明晰夢
- 人は必ず夢を見るので、見ないという固定観念を手放す
- 夢をメモや日記に記録し、体験内容を客観的に分析してみる
- 夢日記を読み返し「パターン」に気づき、本質をつかむ
- 「パターン」を突破口にして、他のシチュエーションにも応用

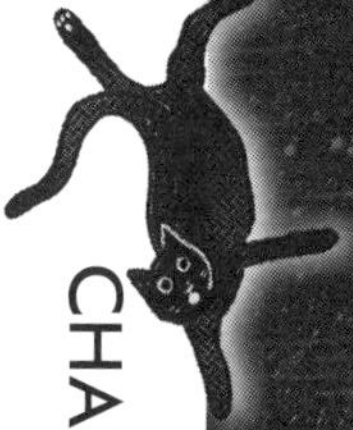

# CHAPTER:5 体外離脱を体験する方法

## 体外離脱に対する心の準備

ここからは、体外離脱を体験する方法について述べていきます。体外離脱は楽しい体験ですが、特別な能力ではありません。体外離脱はすべての人が睡眠中に体験している現象です。ただ、その記憶を現実世界に持ち帰るためのテクニックが必要だと考えてください。必ず、誰でもできます。

まず本題に入る前に、体外離脱を体験するための欠かせない「必要条件」を押さえておきましょう。この先にいくつか私の経験を書きますが、全てにおいて意図しているのはその「必要条件」まで到達することです。逆に言えば「必要条件」を満たさない限り、体外離脱を経験することはできません。

その「必要条件」とは、

**身体は眠っているが、意識が覚醒している状態。**

体外離脱方法は、この1行だけで完結します。そして、この言葉をしっかり覚えておいてください。私はその状態を「**離陸許可**」と命名しています。空港の管制官が、パイロットに向けて飛び立つ準備ができたと告げている様子をイメージしてください。自分の身体や意識をいかにして「離陸許可」に持っていくかが、体外離脱方法の核心となります。

しかし実際にこの状態を体験するとなると、適切な方法を求めて試行錯誤することになります。「離陸許可」を体験するため、私が見出したコツを紹介します。ヘミシンクのフォーカスレベルを含めた私なりの解釈と方法です。

ヘミシンクを経験された方ならご存知だと思いますが、「離陸許可」はヘミシンク的表現で言うとフォーカス10（以下F10）の領域になります。フォーカスレベルは先にも触れましたが、意識の区分です。体外離脱で目指す状態は、完璧なF10の状態になる必要があります。

まずは完璧に身体が眠る必要があります。ベッドに入って寝入った時、自分の肉体を意識していますか？　軽い腰痛等で痛みを感じているような場合でも、眠りに入った瞬間には痛みを意識していないと思います。

Ｆ10のＣＤで意識が覚醒した状態で身体だけを眠らせることができる人は、理論的には体外離脱ができるはずです。自分の肉体を認識しないほど眠らせて、かつ意識を覚醒させなければいけません。だけど通常はそこまで肉体を眠らせると、意識も眠りに入ります。そうすると非物質世界の体験をしていても、まったく記憶に残らない状態になります。かといって身体が眠っていないと、非物質世界との意識共鳴が起きません。

つまり「タヌキ寝入り」程度の寝たふりでは、まったく体外離脱を経験できません。身体を眠らせつつ、意識の覚醒を維持するという、綱渡りのような微妙な調整が必要になるからです。ですが、「離陸許可」に至るコツを一度身につけると、体外離脱をかなり高い確率で経験できるようになります。

ここまでの説明は、基本的に明晰夢で解説した潜在意識への働きかけと同じ意味合いです。体外離脱を経験するための心の準備のようなものだと思ってください。

非物質世界の探索は、微妙な意識状態の中で進行していきます。その際に、普段から**潜在意識へ自分の意図する体験を刷り込んでおく**ことは効果的です。綱渡りのような微妙な意識状態の時、顕在意識だけでなく、潜在意識の大きな後押しを受けることができるからです。

明晰夢の時に、日常生活で「これは、夢ではないか？」と自分に問う習慣をつけるという内容を書きました。それと同じです。大切な仕事や家事をしている時はマズイですが、時間のある時に「今、体外離脱をしている」と想像して遊んでみてください。身体を抜け出して、自由に非物質世界を探索している気持ちで周囲を眺めましょう。でも、くれぐれも10階のバルコニーから本当に飛び降りたりしないでくださいね。永遠に体外離脱してしまいますから。あくまでも、気持ちのうえでの遊び感覚です。

身体を抜け出してその世界を探索することが、別に異常でも、危険でもないという感覚を刷り込むことで、潜在意識の抵抗を減らすのが目的です。非日常的な体験を日常の意識に刷り込んで、当たり前のことへと変化させてしまうのです。

もう一つ効果的なのが、体外離脱に関する本や、他人の体験談を読むことです。モンローさんの本でもいいですし、他にも同じような体外離脱関連の本があります。他人の体験を読みながら心の中で疑似体験をすることで、体外離脱の練習を始めた時、よりスムーズに成功へのステップを踏めるようになります。

体外離脱体験の準備をまとめておきましょう。体外離脱の第一歩は、まず経験してみたいと心の底から思うことです。さらに他人の体験を読むことで、疑似体験することができます。そうして遊び感覚で日常の世界に体外離脱の世界を持ちこむことで、心が準備を始めます。そうして潜在意識の後押しを利用することが、大きな第一歩を踏み出すきっかけになります。

## 体外離脱を経験するための手順

明晰夢と同じように、体外離脱を経験する手順の6項目をまとめておきます。明晰夢の場合と同じく、本文を読んだ後の復習としてこの項目を見ていただけたらと思います。体外離脱にトライしつつ、この項目を確認すれば必要な手順が頭に定着していくはずです。

睡眠のパターーンを崩す
リーボールとアファメーション
リラックスについて
覚醒と睡眠の境界を漂う
体外離脱の前兆について
身体から抜け出すテクニックとコツ

## 睡眠のパターンを崩す

体外離脱はとても微妙な状態へ意識を誘導しなくてはいけません。だからやみくもに挑戦するよりも、効果の上がる環境で行なうほうがより体験を導きやすくなります。その微妙な意識状態を復習しておきましょう。

**身体は眠っているが、意識が覚醒している状態。**この「離陸許可」は体外離脱を語るうえで欠かせないので何度も登場します。耳タコ状態になるのを覚悟で度々書きますので、頭に叩き込んでくださいね。この意識状態を誘発しやすい環境について説明したいと思います。

### ①夢を見やすい、浅い睡眠状態を作る（身体の準備）

何度もしつこく書いていますが、体外離脱は明晰夢と同じ意識状態です。現実世界の意識の「集合点」と非物質世界の意識の「集合点」が共鳴している状態ですが、明晰夢のように夢の途中で意識がリンクするのではなく、現実の意識を保持したままリンクを体験するのが体外離脱です。だから、どちらにしても夢を見やすい意識状態になればなるほど、意識の共鳴を起こしやすくなります。

明晰夢の項目で睡眠について書きましたが、明け方になるほど、圧倒的に夢を見やすい状態になります。私が毎朝午前4時半頃に起きて瞑想をした後、体外離脱の挑戦をしているのはこの状態を作るためです。一度ぐっすり眠ってノンレム睡眠を消化し、レム睡眠がメインとなる意識状態の時間帯に体外離脱を意図します。今までに何度も午後10時頃の、睡眠スタート時に体外離脱を挑戦したことがあります。だけど一度も成功したことがありません。

夜の就寝時に「離陸許可」を得るには、かなり難しい環境だと言わざるを得ません。決して不可能というわけではありませんが、最初からハンデを背負っていることになります。でも一度グッスリ眠ってから体外離脱にトライすると、意識が夢を見やすい状態になっています。つまり現実世界の意識の「集合点」と、非物質世界の意識の「集合点」が共鳴しやすい環境が整っているのです。

## ②一度完璧に目覚める（意識の準備）

これは私の経験上書いていることですが、意外に重要な項目です。早朝にレム睡眠が増えて夢を見やすいと言っても、ベッドの中で一度目覚めたくらいでは完全に覚醒しません。そのままリラックス状態に入ると、あっという間に眠りの世界に誘われて、現実世界の意識が消えてしまいます。

なのでトイレに行ったり、水を飲んだり、とにかく完璧に目を覚まします。30分くらいは起きていても大丈夫です。ちなみにトイレはかなり重要です。尿意があると「離陸許可」はまず出ないと思ってください。「30分も起きていたら、目が覚めてしまって眠れないよ」という声もあるでしょう。体質的にそういった傾向が強い方もあるかもしれません。でもほとんどの人は大丈夫です。普段より少なめの睡眠時間で起きているので、体外離脱へと至る変性意識に入るのに、ちょうどいい覚醒具合です。

私は何年もこんな生活をしていますが、体外離脱状態に入るために意識を誘導し始めると、かなり高い確率で寝落ちします。それくらい眠りに近い状態にならないと体外離脱できませんので、しっかりと意識を覚醒させるくらいがベストです。体操やランニングのような激しい運動をせず、ゆっくりと座って目を覚ます程度で十分です。

体外離脱を体験するために、なぜ睡眠のパターンを崩す必要があるのか？

①にあるように、夢を見やすい**身体の準備をするため**です。

②にあるように、一度目覚めて**意識の準備をするため**です。

この①＋②で身体を眠らせつつ、意識を覚醒させる環境を整えます。

自分のライフスタイルや生活パターン、あるいは体質に応じて、少しでも浅い睡眠状態を維持できる環境作りをすることが、体外離脱に成功する近道となります。自分独自の睡眠パターンの崩し方をマスターできると、意外に簡単に体外離脱を体験できます。

## リーボールとアファメーション

さぁ、それでは実際に体外離脱に挑戦してみましょう。ここまでに書いてきたように、睡眠を十分に取って、早朝に目覚めましたか？　もちろん早朝だけでなく、昼寝も最高の体外離脱のチャンスです。

それでは、横になりましょう。

落ち着ける場所なら、ベッドでもソファでもかまいません。できるならば、そのまま朝寝してもいい休日のほうが最適だと思います。一人のほうがいいですね。私のように両足の上で眠る猫がいる環境だと、集中するのに苦労しますから。

横になって落ち着いたら、私は最初にリーボールを作ります。ヘミシンクをされている方ならお馴染みのリーボールです。ご存じない方のために、リーボールとは簡単に言っておくと、エネルギーの結界のようなものです。自分を守ってくれるバリアですね。だけどそんなに難しく考える必要はありません。光に守られているという感覚を感じられたら十分です。私の作り方はヘミシンクのセミナー等で教えられているのと少し違います。足元から地球のコアエネルギーと、頭頂から宇宙のエネルギーを取り込んで混ぜ合わせます。その混ざり合ったエネルギーで作られた光の卵が、自分の全身を包むような感覚で意図しています。

私は24時間このリーボールを意識しています。就寝前と体外離脱前に作り直してエネルギーを補充しているような状態です。リーボールを作らないと体外離脱を体験できないと言っているのではありません。私が体外離脱を経験し始めた頃は、リーボールはまったく意識していませんでした。気にしない方は、特に必要ないと思います。

私がなぜやっているかと言うと、ちょっとしたことがあったからです。ヘミシンクの体験を進めたくて、毎晩イメージトレーニングをしていました。そんなある日、クリアなイメージで道路が見えてきました。その向かい側の歩道に誰かが立っています。意識を向けた瞬間、その人が私のいる場所に向かって道路を横断してきました。

その姿が近づいてきて視界に入った時、〈あっ、これはヤバイ〉と本気で思うような存在でした。とっさに意識を戻して目を開けましたが、これはリーボールを作らなくてはと思うようになりました。それ以来はリーボールを作ってから、イメージトレーニングをするようになりました。それ以降にそのような気味の悪い体験はなくなりました。

ネタバレをしておきますと、こうした気味の悪い体験の正体は、自分の潜在意識に潜んでいる恐怖です。悪霊等の類ではありません。だから自分の恐怖が具現化したものだと実感できるようになると、リーボールは必要ありません。体外離脱は決して危険なものではないからです。だけど最初のうちは、何かに守られていると思うことで体験に集中できます。リーボールはお守りのようなものだと考えてもらえばいいと思います。

その次に私はアファメーションを行ないます。これもヘミシンクの影響です。このアファメーションに関しても、やらないと体外離脱が体験できないというものではありません。まったくの自由ですので、参考程度に読んでください。アファメーションというのは肯定的宣言と呼ばれるもので、ヘミシンクのセッションでは必ず行ないます。

自分の意図を宣言することで、その体験を導こうとするものです。私の場合はヘミシンクのアファメーションを利用して行なっていますので、基本はヘミシンクの内容です。

その内容に含まれるのは、

**自分が肉体だけの存在ではないこと。**
**自分が得たものを、周囲に還元すること。**
**ガイド等の手助けを願うこと。**
**感謝すること。**

右記のようなヘミシンク体験で必要とされる要素を含んだ内容です。言葉はエネルギーを持っています。振動であり波動ですから、心で思うだけでもそのエッセンスは周囲に発信されます。アファメーションを利用する限りは、効果的にそれを用いる必要があると思います。

私が体外離脱でアファメーションを行なっている理由は、大きく分けて2つあります。

## ①ガイド等の手助けを願うため。

私は体外離脱を経験するにあたって、何度もガイドに助けてもらっています。最初の頃は恐怖感を除いてもらいました。体外離脱を経験するようになると、効果的な身体の抜け方を教えてもらいました。体外離脱中に自分のエネルギー体をコントロールできなくて、助けてもらったこともあります。必要な場面で最も適切な対応をガイドはしてくれます。

しかし、「私は体外離脱を経験したいので、ガイドさん何とかしてください」という**依存的なアファメーションはNGです**。自分が精一杯努力するなかで、道に迷ったり、困ったりした時にはアドバイスしてください、というスタンスが大切です。あくまでも行動するのは自分です。自分自身の魂の成長にとって、必要な体験なら全面的に協力してもらえます。だから体外離脱を体験するうえでの目的意識や意図を、いつも確認する必要があります。

## ②自分の意識状態をチェックするため。

これに関しては、私が個人的に考えた利用法です。

具体的には、かなり長いアファメーションを唱えます。スラスラとそのアファメーションが唱えられる時は、かなり目覚めていますので身体を眠らせることに意識を集中します。逆にアファメーションの途中で内容を間違えた、あるいはどこを唱えているかわからないような場合は、かなり眠い状態です。そんな時は寝落ちの可能性が高いので、眠らないような対策が必要となります。

では実際に長〜いアファメーションを紹介しましょう。これは私用に作ったものですから利用していただいてもかまいませんが、自分の言葉にしないと効果はありません。

基本はヘミシンクのアファメーションが先に来て、その後に体外離脱用のアファメーションが続きます。

## 体外離脱を意図する時のアファメーション

私は肉体を遥かに超える存在です。私は物質を超えるエネルギーを思うように利用することができます。そうして得たものを、愛と感謝と奉仕とともにすべての存在達のために還元します。

また、私は私のガイド達や、ポジティブな高次の存在達の手助けと、理解、導きを心から望みます。私が道を誤る時は妨害し、学びの道を進む時は手を差し伸べてください。そして、私に害を与えようとするものからお守りください。ガイドの皆さん、いつも私を見守ってくださってありがとうございます。（ここまでは、ヘミシンクと共通です）

私はこれから体外離脱及び明晰夢等の変性意識状態に移行します。私の魂の故郷であるNGC○○○（銀河番号が入ります。詳細はChapter:9にて）の皆さん、宇宙連合の皆さん、それらの意識状態でいつも直接的なコミュニケーションを取っていただいてありがとうございます。本日も、皆さんのメッセージを私が理解できる形で受け取ることができますよう手助けしてください。

そして、私に関わってくださる高次の意識存在の皆さん。いつも体外離脱及び明晰夢等の変性意識状態で直接的なコミュニケーションを取っていただいて、ありがとうございます。本日も、皆さんのメッセージを私が理解できる形で受け取ることができますよう手助けしてください。

そしてそれらすべての経験が、私に関わるすべての人にとって素晴らしいものとなりますように導いてください。私のこの身体を、神と全宇宙の光のために、どうぞご自由にお使いください。よろしくお願いします。

心から感謝します。ありがとうございます。

意識がしっかりと目覚めている時は、この全文がスラスラと唱えられます。眠気が取れない時は、前半部分で自分がどこまで唱えたかわからなくなったり、まったく違うことを考えたりしています。毎朝、このアファメーションで自分の意識状態をチェックしてから、体外離脱を意図していきます。

## リラックスについて

それではいよいよ「身体は眠っているが、意識が覚醒している状態」に至るための方法を説明します。この大切な定義は相反するものが混在しています。**身体を眠らせる意図と意識を覚醒させる意図**です。まったく正反対のことを自分の意識に対して行なう必要があります。この項目では身体を眠らせるためのリラックスについて述べます。次の項目では意識を覚醒させる方法について述べます。その両輪が円滑に動かなければ体外離脱は体験できません。

身体を眠らせましょう。まずは復習です。

潜在意識に体外離脱を刷り込んで、睡眠のパターンを崩せましたか？

リーボールとアファメーションは任意ですが、自分の意図、そしてどの程度眠いのか、あるいは眠くないのか確認できましたか？

それではリラックスに入ります。一度ベッドから起きて目を覚ましていますので、もう一度睡眠状態に身体を移行させる必要があります。変性意識に入るのだと思ってください。

スピリチュアル系のセミナーに参加経験のある方は、瞑想等の体験があると思います。どのような方法でもかまいませんので、意識を静かにさせる方法を実行してください。私の場合は瞑想を利用しています。自己流で練習していたヴィパッサナー瞑想を使っています。

具体的には、最初に数字を12まで数えます。息を吸って吐いての動作でカウントを一つ。この動作は意識が拡がったヘミシンクでのF12まで移行することを意図しています。でもあまりF12を意識する必要はありません。準備運動のようなものです。とりあえず12までカウントしてから、呼吸に意識を集中します。息を吸ったり吐いたりしながら、空気が口や鼻、気管や肺を通過していくのを感じます。いろいろな雑念が湧いてきても「雑念」というラベルを貼って、風船をつけてどこかに飛ばすイメージを持ちます。そして、ただひたすら呼吸に意識を向けます。これを続けるだけで、かなりリラックスした状態になることができます。

他の瞑想法を練習されている方は、慣れた方法でいいと思います。私は以前習ったTM瞑想も利用しましたが、その方法でもリラックス状態に入ることができます。瞑想以外でも、自分が最もやりやすい方法でかまいません。私は10代の頃に「自己催眠」という自律訓練法を独学したことがありますが、これも効果的です。経験のある方は、自分なりにトライしてみてください。でも、何もやったことがないという方もいらっしゃると思います。そんな方に、私が実行した別のリラックス法をいくつか紹介しましょう。

まずは「緊張と緩和」の方法です。全身でも身体のどこかの部分でもいいですから、思い切り力を入れて緊張させてください。これ以上我慢できないくらい、思い切り緊張させます。

そして、フ〜っと息を吐きながら、極端に、一気に、その緊張を解いて緩めます。慣れてくると、気持ちが落ち着いてリラックスするのがわかります。

リラックスの目安はいろいろありますが、あまり気にしないでください。とにかく気持ちが落ち着いて、眠れる体勢になったらＯＫです。私の場合は両手両足が重くなり、少しずつその感覚が薄れてきます。まぁ、人それぞれですから、自分なりにリラックスする感覚を体感してください。

## 覚醒と睡眠の境界を漂う

さてリラックスできたら、次のステップです。いよいよ完璧なＦ10を目指します。目指す目的地は、「**自分が眠る瞬間**」です。

毎晩眠る時に、自分の眠る瞬間を意識したことがありますか？　ウトウトしている時に何かの音で気がついて、〈あっ、今眠りかけていたな〉と感じることがあると思います。しかしまさに眠りに入るというその瞬間を、明確に意識できる人はいないでしょう。私もその瞬間をハッキリと知覚した記憶はありません。それでかまいません。とにかく「自分が眠る瞬間」を体験してやる、という意気込みでそこに向かうことが大切です。そして睡眠と覚醒の境界線をひたすら漂ってください。その境界線を行ったり来たりしつつ、眠る瞬間を捉えてやろうと粘ることが大切です。この状態が「身体は眠っているが、意識が覚醒している状態」を引き寄せることになります。

大切なポイントをお教えしましょう。リラックスした後の最初のアプローチで最も大切なのは、「さぁ、寝よう！」と心で宣言することです。夜、眠りにつく時と同じような気持ちで、本気で眠ろうとすることが大切です。意識を覚醒させる必要があるから、そんなことをしたらダメだと思うと身体が眠りません。まず大切なのは、**今から眠ることを「身体に宣言する」**ことです。

完璧なF10の状態を作るためには、まずは自分の身体をだまさなければいけません。それも本気で。体外離脱の前兆が起こる時の身体は、深く眠っている状態だと思ってください。だから、まずは身体を完璧に眠らせる必要があります。そこで利用価値があるのが、先に説明したアファメーションを応用する方法です。

長いアファメーションを唱えることで、自分の眠たさ度がわかるようになります。アファメーションが**完璧に唱えられた時はかなり目が覚めています**ので、しっかりと眠りを誘発する必要があります。

逆にアファメーションが**まともに唱えられないような時は、眠りこまないような状態を保持する**必要があります。私の場合は、身体の姿勢でそれを調節しています。私は仰向けになると、なかなか眠れません。逆に横向きになると、すぐに眠ってしまいます。これを利用して、仰向けと横向けに姿勢を使い分けています。眠い時は眠りにくい姿勢で。目が冴えている時は眠りやすい姿勢で。このように自分の眠りの状態を、状況に合わせてコントロールすると効果抜群です。

そうして自分の意識をちょうどいい加減で眠らせようとしながら、睡眠と覚醒の境界線を漂いましょう。これは根気と努力が必要です。自分の現在の状態を的確に把握することが大切です。そして最も適切な方法で、その境界線を維持していきます。

例えばどうしても眠ってしまいそうな時は、左右の腕のどちらでもいいですから、肘から上を身体に対して直角に上げておきます。そうすると眠りに入った瞬間に力が抜けて、上げていた腕がバタッと落ちます。そこで眠りの瞬間に気がつきます。あるいは鈴がついたようなものを手に握ってウトウトしていると、眠りに入って手が開いた時、鈴が転がったチリリンという音で境界線を自覚することができます。

このように自分で工夫しながら、睡眠と覚醒の境界線を意識してください。この境界線に到達した時の目安をお教えましょう。

「入眠時幻覚」と呼ばれていますが、ウトウトしている時に夢のようなものを見る時があります。あるいは声が聞こえたり、無意識で誰かと会話をしていたり。このような状態になると、いい雰囲気で境界線を漂っていることになります。完全に変性意識に入っています。

私が明晰夢の項目で説明した、身体を抜ける感覚を伴わない明晰夢は、この状態で体験することができます。ですから体外離脱の前兆を感じなくても、そのまま体外離脱&明晰夢の世界に入っていくことができます。完璧な変性意識状態ですから、いろいろな体験が可能だと思います。この状態をキープできるようになると、いよいよ体外離脱の前兆が現れてきます。

## 体外離脱の前兆について

体外離脱の大切なポイントをしつこいですがあえて書きます。身体は眠っているが、意識が覚醒している状態。簡潔には「離陸許可」です。

この完璧なＦ10を目指すために、眠りのリズムを崩し、リラックスして意識を睡眠と覚醒の境目に持ってくることを今まで述べてきました。この状態をキープしている時に体験するようになるのが、体外離脱の前兆と呼ばれるものです。私の場合、早ければ意識をリラックスさせて15分以内にその前兆が来ることもありますが、長い場合は1時間くらいかかることもあります。やはり根気は必須です。

体外離脱の前兆は、体験する人によって微妙な違いがあるようです。最もわかりやすい体外離脱の前兆が**金縛り**と呼ばれているものです。金縛りは夏の幽霊シーズンになると、よく取り上げられる現象ですね。心霊体験をする前のお約束です。

「身体は眠っているが、意識が覚醒している状態」。まさしく金縛りは、この状態の時に起きる典型的な現象です。金縛りは完璧なF10の状態に到達している証明です。そしてそこからが非物質世界へのスタート、つまり体外離脱の体験が始まります。人によっては前兆を身体の強い振動として感じます。

私の場合は、最初に耳鳴りが聞こえ出します。耳で聞いているのではなく、頭の中で直接音が鳴っているような感覚です。〝ゴォ〜ゴォ〜〟というかなりの大音響です。そのエネルギーが徐々に高まっていくのを感じ、最終的にはピークに達します。その瞬間に唸っていた耳鳴りの音が、〝ピー！〟という甲高《かんだか》い音に変化します。そのまま放置していると金縛りが始まります。自分の身体が雑巾になって絞られた気分で、狭い空間に閉じこめられるように感じます。そして、全身に電気が走ったような緊張感を覚えます。

ですから体外離脱の前兆を体験した時に大切なのは、まずは落ち着くことです。意識が肉体からエネルギー体へ移行する間の現象ですので、しばらく我慢していれば落ち着きます。恐れることはありません。身体の力を抜いてそのまま任せていると、移行が完了したのを感じます。私の場合なら〝ピー!〟という音です。

移行が完了すると、いつでも身体から抜け出して自由に散策できます。その段階で既に意識は非物質状態です。だから金縛り直後に、不気味な非物質の存在を見る事例が増えます。そのような体験のほとんどは幽霊のような存在ではなく、体験している人の恐怖感が創り出した意識の産物、あるいはガイドを幽霊と見間違えている場合です。

恐怖感を覚えて無理に金縛りや振動、あるいは耳鳴りを抑えようとすると、再び身体が目覚めてしまいます。そうすると振り出しに戻りますので、今までやってきたことが水の泡になります。慣れているとはいえ、私も通常は10回トライして3回体験できるかできないという体外離脱の前兆ですから、意識を肉体へ戻すのはもったいないですよ。

私も最初は金縛りが怖くて、どうしても先に進めませんでした。実際に痛みを感じていますから。でもガイドに手を握ってもらってから、怖がる必要のない体験だと自覚できました。そして金縛りを苦痛に感じるまで放置する必要はなく、意識の移行が確認できた段階で体外離脱できることもわかりました。この**体外離脱の前兆に対する恐怖感が、体験を阻害する最大の要因**です。恐怖感は自分で乗り越えるしかありませんが、少なくとも1000回以上はこの前兆を体験している私が恐怖をまったく感じていません。だから安心して前兆を体験していただければと思います。

さて、少しでも前兆を体験したことがある方への応用編を少し紹介します。なかなか体験できない前兆ですが、慣れてくると応用できることがあります。それは、**ハートのエネルギーを利用する**ことです。

体外離脱の前兆の際に意識していると、ハートが起点になってエネルギーが発生しているように感じていました。ある時グレコと名乗る少年のような非物質の存在が、私にこのハートエネルギーの大切さを体外離脱中に教えてくれました。

ハートのチャクラを開いてそのエネルギーを利用することで、体外離脱の前兆を起こしやすくなります。最初グレコと一緒に練習した時、ハートのエネルギーを使い過ぎて一気に身体を飛び出し、マンションの壁を越えて隣の部屋までぶっ飛んだことがあります。

コツはリラックスして意識が睡眠と覚醒の境目をウロウロしている時に、**「胸がキュン」とすることを思い出すといい**そうです。恋人との初めてのキス、自分の子供が生まれた瞬間、飼い猫や飼い犬と初めて出会った時等、どんなことでもいいので胸がキュンとすることを思い出します。そうすると一瞬、ハートのチャクラが開くそうです。そしてその気持ちを維持したまま、ハートの熱いエネルギーが身体の中心を通過して、頭頂まで移動するのをイメージするとのこと。

私も何度かやりましたし、今でも利用しています。明らかに以前と比べて体外離脱の前兆を体験しやすくなりました。少しでも体外離脱の前兆を体験されたことがある方は、一度試してください。独特の感覚を覚えるまで少し難しいですが、前兆を体験する確率がアップします。

## 身体から抜け出すテクニックとコツ

体外離脱の前兆がピークに達すると身体を抜ける準備ができたことになります。ピークに達したという感覚は文章で説明できませんが、経験すると身体でわかってくると思います。前兆が発生した時に慌てず、落ち着いて、身を任せます。その間に、身体の振動数から移行先の振動数への変換が完了します。不快に感じるのは、その移行が完了するまでの少しの間だけです。前兆がピークに達した段階で、身体から抜け出す時に忘れてはいけない最も大切なポイントを紹介します。

そのポイントはズバリ、

**前兆がピークに達したら、自分が動かせる身体は既にエネルギー体に移行している。**

ということです。これは大切ですので、何度も心に刷り込んでください。この認識がないと、せっかく体外離脱を体験できる状態になっているのに失敗してしまうこと多いからです。かく言う私も、過去何度もこの認識不足で失敗しています。現在でも時々やってしまいます。

初心者の段階ですと、前兆がピークに達して身体を動かした時、肉体が動いているのか、エネルギー体が動いているのか区別できません。前兆がピークに達したのを確認してベッドから身体を起こした時、本当に肉体が起きてしまったと勘違いします。体外離脱に成功しているのに、「あっ、しまった」と思った瞬間に身体へ戻ってしまいます。とてもリアルな感覚なので、どう考えても実際に肉体を起こしたとしか思えません。意識が創っている世界を知覚していますから、実際に布団をめくって起きている場合もあります。でも意識が身体に戻った時、布団はそのままで自分が横になっているのに気がつきます。

他にも、猫のミューナを抱いてベッドで横になっている時に体外離脱の前兆を感じました。しかしいい感じで前兆がピークになってきた瞬間に、ミューナが布団から飛び出しました。がっかりしてミューナの後を追いかけるように、一度ベッドから出ました。そして体外離脱をあきらめてベッドに戻りました。その直後、自分が体外離脱していて身体に戻ったのがわかりました。身体から抜け出ていたのに、まったく気がついていませんでした。それほど体外離脱はリアルな体験です。

これを克服するのには先ほどのポイントをしっかり認識するとともに、経験を重ねて慣れていくしかありません。体外離脱の前兆がピークに達したと感じたら、とにかく起き上がって寝室から離れます。実際に体外離脱しているかどうかは、後から確認すればいいです。実際に肉体が起きてしまうリスクがあっても、とりあえず起き上がって身体から離れてみることが大切です。

続いてもう一つのポイントです。それは、

**自分の意識が、物質世界の肉体に存在しているという先入観を捨てる。**

ということです。これは難しいですが、大切なポイントです。

私もうまくできる時もあれば、まったくうまくいかないこともあります。日常生活では肉体を通じて世界を知覚しています。それで仕事をしたり、家事をしたりしながら、肉体と意識がイコールだと無意識に感じています。この肉体と意識が結び付いた感覚はとても強いものです。

しかし、体外離脱の前兆がピークに達して意識の共鳴作業が完了した段階で、本来なら意識は自由に行動できます。肉体を抜けるという行動を取らなくても、簡単に非物質世界へ移動できます。このポイントを完璧にマスターすれば、ピークに達したのを確認してすぐに行動に移れます。

けれども自分の意識が物質世界の肉体に存在しているという先入観が強いと、身体から抜ける行為が欠かせません。そうなると先入観の強さの度合いによって、身体から抜けるのに苦労することもあります。1000回以上体外離脱を体験していても、いまだにその時の先入観の違いによって、身体から自由になるのに多大な苦労をしています。

まず一番簡単に抜け出せるのは、2つ目のポイント「自分の意識が、物質世界の肉体に存在しているという先入観を捨てる」が完璧に機能している時です。何も考えることなく、普通に目覚めて起きるように身体から離れられます、意識が肉体にあるとは思っていませんから。これが理想的なパターンです。

もっと調子がいい時は、起きるというイメージなしに、自分のエネルギー体を一瞬にコントロールして非物質体験へ移行できます。しかしこれらの方法は調子のいい時限定で、実際には先入観の強さによって、様々な工夫が必要になります。

先入観が強い順に対策方法を紹介しましょう。どちらにしてもイメージ力が必要となります。イメージすることで、身体から抜けやすい状態に持っていきます。私が初めて体外離脱を経験した時は、上半身を起こすのが精一杯でした。これではダメだと思い、利用したのがヘミシンク「ゲートウェイ」シリーズの『初めての体外離脱』というCDを使った練習方法です。

自分が丸太になったとイメージします。固い、太い、丸太です。その丸太が何かで持ちあげられて、寝かされている状態から起こされるイメージを持ちます。前兆がピークに達していてエネルギー体の状態になっていると、このイメージで簡単に意識の身体が持ち上がります。この体験はなかなか面白いです。電動ベッドのように、身体を自動で持ち上げることができます。そうすると視点が横から縦へと実際に変化しますので、身体の束縛から離れて移動することができます。イメージが得意な人なら、天井に太いロープがぶら下がっているのをイメージしてください。そのロープを両手で握りしめて、一気に引き寄せます。これだけで簡単に身体が持ち上がります。いずれにしても、自分のイメージしやすい方法でやってみてください。

身体から抜けるという行為は必要ですが、慣れてくると比較的簡単に抜け出すことができるようになります。私がガイドから教えてもらったのは、飛び込み前転です。小学校の時、体育の授業でやったのを思い出してください。その要領でイメージのなかでジャンプし、飛び込み前転で身体から抜ける状態を想像して簡単に抜けたことがあります。

もっと慣れると、後頭部から煙のようになって抜け出すこともできます。ここまでくると、肉体に意識が存在しているという先入観がかなり希薄です。だからイメージ次第で、どのような抜け方でも可能です。例えば、うつぶせで寝ている状態で前兆のピークを体験したら、後頭部から一気に抜け出すイメージで身体から離れることが可能です。これは私の大好きな抜け方です。

そして、私が最も多用している方法がローリングです。転がるように身体から抜けるという単純なやり方です。でも、少しだけ工夫をしています。私は仰向けの状態でベッドの右側に寝ています。だから転がるべき床の方向は右側ですね。左にローリングすると、妻にぶつかりますから。右側横向きで独特の体勢を取ります。右手を肘から身体方向に曲げて、車止めのようなストッパーにします。現実の肉体で転がっても、ベッドから絶対に落ちないようにするのが目的です。そして前兆のピークを待ちます。体外離脱の前兆のピークを確認したら、一気にローリングしてベッド横の床に転がります。床までゴロンと落ちることができたら、それは自動的に体外離脱に成功していることになります。この時もし現実の肉体が動いたら、ストッパーが効いて身体は床に落ちません。

この方法は、先ほど説明した2つのポイントを一度でクリアできます。ローリングで身体を抜けるという行為をしながら、同時にそれが実際の肉体の行動でないと確認できます。一石二鳥なのです。

ここまでで体外離脱を体験する方法の基本は終了なのですが、少し補足説明があります。私は書く予定をしていなかった内容ですが、ガイドから言われました。

「参考になる人がいるから、このことについても少し触れておいたほうがいいよ」とのことでした。ということで、最後にその内容を簡単に説明したいと思います。

体外離脱の前兆がピークに達すると、体外離脱が実行できるようになります。しかしその前兆がやってくる前に、意識が共鳴を起こすことがあります。私も毎日とは言えなくても、かなりの確率の高さでこの現象を経験しています。ある特定の意識状態になると、コントロール次第で前兆なしで体外離脱することができるようになります。

その特定の状態とは、**「目を閉じているのに、寝室が見える」**というものです。

目を閉じて意識を集中している時、突然視界が開けて、私が横になっている寝室が見えることがあります。ガイドによると、この状態の時は意識が共鳴現象を起こしているので、エネルギー体の目でその部屋を見ているそうです。ですから、肉体の目を通して知覚している寝室と少し違うことがあります。あるものがなかったり、ないものがあったり。

これはヘミシンクをしている時のヴィジョンの視覚とは少し違います。肉体の目ではなくエネルギー体の目、つまり第3の眼で見ている状態だと思います。目を閉じているのですが、妻の寝返りの動きや猫の動きまで見えます。廊下を歩く隣人のガラス戸越しの影も見えますし、音も聞こえます。イメージで見ている世界とは違います。

もう一つの特徴は、**「窓が閉まっているのに、心地よい空気の流れを全身に感じる」**ということです。これは布団にもぐっている季節は感じにくいですが、夏の薄い布団を使用している時にわかります。完全にすべての窓が閉まっているのに、全身に心地よい風を感じます。体外離脱をしている時、バルコニーに立って感じる風と同じです。だから夏の寝苦しい熱帯夜でも、涼しい空気に包まれますので快適に過ごせます。「心頭滅却すれば、火もまた涼し」の状態でしょうか。

このような状態を体験している時は、既に現実意識と非物質意識が共鳴を完了しているか、それに近い状態になっています。だから前兆を体験しなくても、体外離脱の体験が可能です。

それからガイドによると、前兆のピークを体験して体外離脱へ移行する時は、既に視覚は非物質の知覚を使用していることを自覚しておくことが大切だそうです。ベッドから起き上がろうとして、肉体の目を開ける必要はありません。ピークに達した段階で非物質の視覚は使用可能なので、目を閉じたまま肉体を抜ける作業ができるそうです。

そう言えば、私も肉体の目を開けて身体を抜けたという記憶はありません。肉体の目を閉じたままで、非物質の目を使って肉体を離れる体験をしています。ある時無理やり肉体の目を開けて、物質世界と非物質世界が重なった状態を知覚したことがあります。

# まとめ

「身体は眠っているが、意識が覚醒している状態」が必要条件

浅い睡眠状態を作ること、寝落ちしないようにきちんと目覚める

慣れるまではリーボールとアファメーションを行なう

自分に合ったリラックス方法を見つけよう

体外離脱する前兆をしっかりと把握する

前兆のピーク時、とにかく起き上がってみよう

先入観を捨て、すでに身体から離れていることを忘れない

前兆の前に意識が共鳴し、「部屋が見える」「風を感じる」ことがある

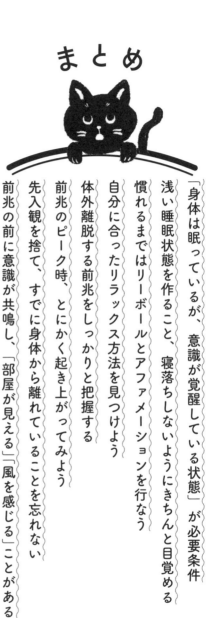

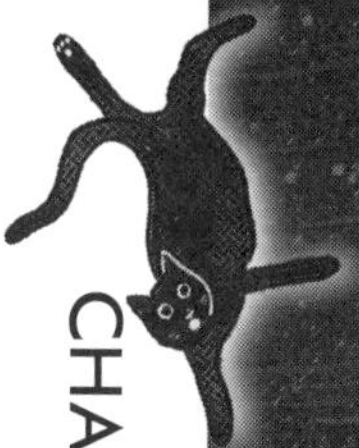

CHAPTER:6

# 「思い込み」を利用した実践

## 体験を意図し、隠された「思い込み」を発見する

ここからは実際に体験をした際の実践編となります。

非物質世界は意識の世界です。ですから夢体脱を経験する時に、その人の顕在意識と潜在意識の影響を大きく受けます。そこで大きな力を持っているのが「思い込み」、あるいは「信念」です。例えばヘミシンクの理論だけを読んで、ヘミシンクを始めた人は少ないと思います。体験談が書かれている本を読んだり講演を聞いたりして情報を集め、〈自分も体験したい〉と思うから始める方が多いのではないでしょうか。つまり、ヘミシンクという技術を使えば同じ体験ができると信じている、あるいはそう思い込んでいるからやってみようと意図します。まったく信じない人は、そんな意図を抱かないはずです。

夢体脱でも大切なことは、それが体験できることを「思い込む」ことからスタートします。他人の体験を知ってそれができるという「信念」をどこかで持てるから、やってみようと考えます。意図せずに偶然体験してしまうこともありますが、どちらにしても本格的に非物質世界を探索しようとすると、その目的に対する「思い込み」＝「信念」が必要となります。

でも人間の心は複雑です。自分が意図する体験を促進しようとする「思い込み」があるのと同時に、その体験を阻んでブロックしようとする「思い込み」が同居しています。アクセルを踏みながら同時にブレーキを踏んでいることが、意識の世界では日常茶飯事です。そうなると、なかなか目的の体験ができなくなります。

そこで達成したい目的に対して、必要な「思い込み」と必要でない「思い込み」を、意識の表面に浮上させる必要が生じてきます。想定外の「思い込み」が潜在意識に隠れていて、自分の意図を邪魔している可能性があるからです。

しかし物質世界は、自分の想いが現実化するのに時間が大きな要素として影響します。そのために自分の隠された「思い込み」が現実化された時、その基になった「思い込み」がどういうものだったか時間の経過によってわかりにくくなっています。

その点、非物質世界はタイムラグがないので、考えたことがあっという間に体験としてやってきます。そして隠された潜在意識の「思い込み」も、現実世界よりは遥かに高い確率で体験として知覚することができます。夢体脱は目的を達成するのに必要な「思い込み」と、必要でない「思い込み」をリアルに知覚しながら再調整できる体験です。

## その1　体外離脱直後に自分の身体を見る体験

私が体外離脱を経験し始めた初期の頃の「思い込み」として、体外離脱をして身体を抜けると、そこに肉体の抜け殻が残るというものがありました。ですから最初の頃は、体外離脱をすると何度も自分の身体を確認していました。ところが妻や猫のミューナはそのままなのに、私だけベッドにいないということがよくあります。または仰向けで体外離脱したはずなのに、違う方向を向いていて顔を見せない。あるいは布団をすっぽり被って、足だけしか見えない。見たことのないカーディガンを羽織っていて、同じく顔が見えない。どの体験にも共通しているのは、私の顔が見えないということです。

この現象からあることが見えてきます。体外離脱は魂が抜け出している状態であって、死んでいるのと同じだという私の「思い込み」が原因です。その思い込みが体験に影響を与えていたようです。そしてこれらの体験で確認できた私の隠された「思い込み」は、「自分の死を恐れている」ということです。

顕在意識では「死ぬことは怖くない」と考えています。だけど実際に自分の死体を見るかもしれないという段階になって恐怖を覚え、自分の顔を見せないという体験へと変換したように思います。今では体外離脱が意識の共鳴現象だと理解していますので、体外離脱後の身体を確認することはありません。もし確認したとしても、そこは現実世界とは違った世界だと理解しているのでムダだとわかっているからです。でも、最初の頃は不思議で仕方ありませんでした。

## その2　エネルギー体を見る体験

本で読んだイメージから、体外離脱後のエネルギー体は光の身体だと想像していました。これも、いわゆる「思い込み」です。だから最初は想像通りに、腕を見ると白く光っていました。しかしある時、両手を見ると現実と同じ色の手が見えました。でも指の本数が違います。多かったり、少なかったり。

結局、エネルギー体を現実の肉体のように知覚したいと思った時だけ、そのように知覚できることがわかりました。そして自分の想像次第で、身体の様子が変化することも知りました。

夢体脱で会った世界の住人達と握手をしたり、ハグしたりした時、彼等の身体をはっきりと感じます。でも不思議なことに私は、他者に触れているはずの自分の肉体を認識していません。まるで透明人間のようなのに、そのことに違和感さえ抱いていません。その不思議な感覚から見えてくることがあります。意識体の自分が他の意識体と交流する際、現実世界のような肉体を必要としないことを、私の潜在意識は当然だと考えていることです。誰かと交流するのに身体が必要だという私の「思い込み」を通じて、エネルギーの交流には具体的な身体を必要としないという、私の潜在意識に隠されていた「思い込み」を知りました。

## その3　隠された「思い込み」による夢体脱の変化

非物質世界では何でも自由にできるという「思い込み」を持っています。だから空を飛べるし、ガラス戸を抜けられるし、現実世界の物理法則を無視した行動が体験できます。しかしそうした「思い込み」を持って行動しているにもかかわらず、隠された頑固な「思い込み」が顔を出すことがあります。

飛んでいても突然失速したり、抜けられるはずのガラス戸にぶつかったり、非物質世界の坂道や勾配の急な階段を登って、現実世界と同じように息が切れたりします。何でもできるという思いは顕在意識に存在します。でも同時に〈もしかしたら、できないかも〉という、隠されていた「思い込み」があることも学びました。今まで簡単にできていたことが、突然できなくなります。自由であるはずの世界を行動することで、不安という隠された思いを知ることができます。

不安程度ならいいですが、恐怖が体験化することもあります。非物質世界は意識世界だから自分次第なのだという表向きの「思い込み」があっても、隠されている恐怖が突然顔を出します。それが幽霊との遭遇や、特定の場所に閉じ込められて脱出できないという現象として体験することがあります。〈あぁ、自分にはこんな恐怖の感情があったのか〉と自覚して受け入れてしまうことで、そのような体験は自然と消えてなくなります。

現実世界では克服していたと思っていたようなことが、実はただ心の奥に隠していただけだと気づくことがあります。そういった潜在意識の一端を知ることができるのが、夢体脱体験のユニークで有意義な部分だと思います。

隠された「思い込み」を発見した時、必要なものなら利用して、いらないものなら手放せばいいと思います。でも、手放しが完了したことがわかるのでしょうか？　簡単です。夢体脱で同じ体験をしなくなることによって、必要のない「思い込み」が消えたのを確認できます。

ただし、人間の心は深くて複雑です。ずっと心の奥深くに隠されている「思い込み」や「感情」があるはずです。だから何度も体験を重ねながら、自分を見つめていく必要があると思います。

## 潜在意識との対面

「思い込み」や「信念」という観念的な意識は、人間の意識の一番外側の層を形成しています。これは過去生から持ち込んできたものもありますが、多くは今の人生で生まれてから自分が身につけてきたものです。その1層目よりも、さらに深い部分に存在するのが潜在意識です。この2層目の意識は今の自分の人生に大きな影響を与えていますが、通常の顕在意識では知覚できません。さらに奥深く3層目には、「真我《しんが》」あるいは「神我《じんが》」と呼ばれる本当の自分が存在する意識の層があると思います。私が瞑想を通じて探し求め、合一したいと切に願っている意識です。

しかし、潜在意識の中には強烈な体験により、トラウマとなって深く抑圧され、簡単に引き出せない感情も存在しています。ですから、夢体脱で体験できる潜在意識は一部だと思います。それでも、通常の意識状態では体験できないことですので、かなり興味深い経験ができるはずです。

最も顕著なものは性的衝動ですが、ここで注意点として説明したいのは、恐怖の感情です。これが意外に厄介です。非物質世界は時間という便利な道具がありませんので、心と体験がすぐにリンクします。心で思ったことを、リアルな現実としてすぐに体験します。

暗闇が怖いと感じていると、暗闇を体験します。幽霊が怖いと思っていると、幽霊を見ます。高所が怖い人は高所に、狭い場所が怖い人は洞窟を知覚したりします。

普段は意識していなくても、夢体脱では潜在意識に存在している恐怖をリアルに体験してしまいます。私の体外離脱日記から体験談を紹介します。

”

夜明けも遅くなってきてミューナもまだ起きそうにないので、体外離脱に挑戦。最初は仰向けでリラックスしていたが、覚醒度をより落とすために右横向きになった。しばらくすると前兆が聞こえだしたので、一気に体外離脱へ持っていった。ベッドの右横に立ったとき少しふらふらしたが、何とか立ち上がれた。

今日は寝室から天井を抜けて、屋上へ出ようと挑戦した。その場でジャンプすると一気に天井に身体がのめり込んだが、なかなか屋上へ抜けない。ジャンプする前にコンクリートは分厚いから難しいかなと思ってしまったのが原因だ。やはり体外離脱は本人の意識の世界だということがよくわかる。ちょっとした不安がすぐに現実化する。このあたりが物質世界と違うところだ。

何とか天井のコンクリートを抜け出て立ちあがると、そこは屋上ではなくどこかの部屋の一室だった。意識が薄らいで身体に戻りそうになったので後転をした。すぐに知覚が安定したのでこれは効果あり。部屋は真っ暗で、だれも使っていない様子。ふいに気持ち悪くなって恐怖感に襲われた。

ここを脱出しようと水平に飛んで他の部屋に向かったが、そこはさらに気持ちの悪い空気に満ちた和室だった。薄明かりに浮かぶ障子が不気味だ。恐怖がピークに達し、次々と部屋を飛びながら移動したが、同じ部屋に戻ってしまう。何度部屋を移動しても同じ部屋から抜けられない。恐怖で身体がガタガタと震えだし、完全に身動きできなくなってしまった。

これは自分の意識世界だと強く言い聞かせ、窓の外に景色があるのを想像して窓をつき抜けるとようやく外に出られた。しばらく民家の上を飛んで河川敷に出た。よく見ると京都の鴨川で、三条から四条にかけての西側の河川敷だった。露店が何軒か出ている。楽器を演奏している2人組の男の人もいた。そこから歩き出して四条通りに出た。木屋町の阪急電車の駅入り口にいくと大勢の人がいた。僕のことに全然気がつかない。見えていないようだ。不思議に思って周囲を観察していると身体に戻ってしまった。

自分用の日記なので淡々と書いていますが、とてつもなく怖い思いをしました。何度飛んでも気持ちの悪い部屋から抜け出せなくて、何時間もそこにいるように感じました。もしかして永久にこの部屋から出られないのでは、と思うほどの恐怖でした。ここは自分の意識世界だと本気で納得できるまで、かなり苦労した体験でした。

それ以外にもバルコニーに出ようとして、リビングに見知らぬ男性がうずくまっていたこともありました。少し太った男性ですが、ひと目で幽霊だと感じる気味の悪さでした。恐怖を払拭するため、逃げずに攻撃することを選択しました。「何でこんなところにいる。今すぐ出ていけ」と叫びながら、その男性をバルコニーの外に追い出しました。とても悲しそうな顔で、その男性は去っていきました。この時の体験は肉体に戻ってから後悔しました。恐怖でパニックになり、冷静な判断がまったくできなかったからです。あの男性は何か私に伝えたかったかもしれません。もしかすると私のガイドだったかも。でも、恐怖に駆られて追い出してしまいました。

このような恐怖の体験を何度か経験してから、このままではいけないと感じました。そこで私は恐怖に正面から向き合うことにしました。恐怖から逃げようとするから、いつまでも恐ろしい体験をする。それなら恐怖を克服することで、体験を変化できるはずだと考えました。自分の意識の世界こそ、恐怖を克服するのに最適な場所ではないかと思ったからです。そうして、一つずつ恐怖に対処していくことができました。そのひとつの例を紹介しましょう。

”

昨日の夜、ガイドとの会話で「心を開きなさい。私達とのコミュニケーションは体外離脱だけでなく、明晰夢でも普通の夢でも、ウトウトしているときにも行なわれる。自分で勝手に制限しないで、あらゆる可能性を信じて心を開き、準備しなさい」という内容のメッセージを受け取った。それを思い出して気楽に楽しんでいると、久しぶりに体外離脱できた。仰向けでないと体外離脱できないと考えたのも制限だったみたいで、右横向きになるとすぐに身体を抜けることができた。

少し苦労しながら、なんとかリビングに到着した。外はまだ暗く、カーテンも閉まっているので少しずつ視覚を高めながら歩いていたが、飛び出そうと思っているリビングのガラス戸の前に黒い塊が見えた。反射的に全身が硬直して、これまでと同じように恐怖に対応しようとした。

逃げるか、それとも蹴飛ばして戦うか悩んだ。でもここで思い直した。黒い塊は自分の心にある恐怖だ。そう自分に言い聞かせながら、飛びついて抱きしめることにした。もうどうにでもなれという気持ちだった。実際に抱きついてみると、黒い塊はフワフワのぬいぐるみのようで、決して恐ろしいものではなかった。抱きしめているうちに自分の身体の中に溶け込むように消えていった。

“

こうして何度か自分の潜在意識に存在している複数の恐怖に対して、少しずつながらも逃げずに向き合ってきました。その結果、今では怖い体験をすることは完全になくなりました。夢体脱を体験するとこういった潜在意識との対面が待っていますが、尻込みしないで是非楽しんでください。新しい自分を発見する絶好のチャンスです。ただし、無理しないことが大切です。怖いと思うものは、最初はやっぱり怖いですから。

## 「思いこみ」を外すことによる、思いがけない体験

潜在意識に隠された思いを知ることで、日常生活の生き方に大きな影響を与えていくことができます。「思考は現実化する」というスピリチュアル系の考え方がありますが、その思考は顕在意識だけでなく潜在意識も大きな影響を持っています。

顕在意識が望まない現実ばかりを引き寄せる時、実は潜在意識でその現実を積極的に創造し

ている可能性があります。そんな隠された自分の思いを知ることで、現実世界をよりよく生きていけるのなら素晴らしいですよね。ここでは少しアプローチ方法を変えた非物質体験について紹介したいと思います。

「思い込み」を外すことによる、思いがけない体験です。文章にするとややこしくなりますが、内容はいたってシンプルです。簡単に書くと、結果を意図しないであるがまま夢体脱を楽しむことです。

「思い込み」や「信念」は、体験する結果をある程度予想することにもなります。私がヘミシンクを体験する時によく感じていたことですが、CDを聴く前に体験を意図するとします。例えば、今日はF27でガイドとある話題について会話しようとか、亡くなった人に会ってみようとか。そのように意図した段階で、私はその結果を予測していることが多く、そして予測通りの体験をすることがほとんどでした。予定調和のストーリー展開となった原因は、ヘミシンクを聴く時に、意識の主体が肉体に残っているからだと思います。非物質世界と完全に共鳴していないので、想像や妄想が視覚化されて体験として表面化したのでしょう。

夢体脱でも、「思い込み」や「信念」が体験を予想通りの展開に誘導することがあります。こうなるだろうと思っていると、その通りになることが確かにあります。しかし、意識が完全に共鳴して知覚が現実と変わらないほどリアルなので、意識をコントロールすることで想定外の体験をすることがあります。

自分の心をフリーにして体験そのものに身を委ねていると、まったく予想もしなかった展開になり、驚く体験をします。そのドキドキ感やワクワク感は独特です。未知の世界を旅する映画の主人公のような気分になります。これこそが、夢体脱の醍醐味だと思います。私の体験を紹介しましょう。

**例1**　体外離脱中に鏡を見たらどうなるか？　あるサイトではその鏡の中には自分のガイドが映るという話を聞きましたが、先入観を捨てて体験したことがあります。そこで体外離脱中に鏡を見てみると、映っているのは現実と同じように私の姿でした。でも現実と違うのは、鏡の中の私は一人ではないということです。

まったく違う表情をした私が、数人映っていました。すましていたり、微笑んでいたり、横を向いていたり、真剣な顔をしていたりと、様々な自分が鏡に映し出されていました。見る時によって数は違いましたが、多い時には5～6人はいたと思います。窓ガラスの前を通る時にも、そのガラスに映った姿は数人の私でした。まったく予想をしていなかったので、最初はかなり驚きました。

**例2** 体外離脱中にエレベーターに乗っている時、1階に降りようとボタンを押したのにコントロールできないことがありました。意識の世界だから自分の思い通りになると言い聞かせましたが、エレベーターは上下を繰り返すだけで1階にたどり着けません。自分の意図を反映させることをあきらめて、エレベーターの好きなようにさせようと思考のコントロールを放棄しました。そうするとエレベーターは8階で止まりました。

「ナガラク、オマタセシテスイマセン」と丁重なアナウンスが流れました。この段階で十分に予想外の展開ですが、そのままその世界に身を委ねることにしました。エレベーターを降りると通路は分かれていましたが、私の進む方向らしき部分に矢印がついています。その指示に従って行くと、ホテルの宴会場のような扉が見えてきました。中を見ると手前の椅子席に20人くらいが正装で座っていて、奥にはグランドピアノがあり、司会者の女性がドレス姿で立っていました。全員の拍手に包まれて、そのドレス姿の女性の前まで行きました。

「ようこそ。皆で待っていましたよ！」

そう言ってその女性は私をハグしました。例えようのないほど気持ちいい感覚に包まれて、意識を失いそうでした。その女性は私のメインガイドの飛鳥さんで、会場にいた人はすべて私のガイドだったのです。まったく予想外の、感動的な展開でした。自分の最初の意図に固執しないで、エレベーターに任せて導かれた体験でした。

最上級の経験をもたらしてくれるのが、「非物質世界の住人達との交流」です。夢体脱で予想外の体験を求めるのなら、その世界の住人と会話するのが最適です。そうすることで意外な展開になったり、新しい出会いが訪れたりします。タロットカードで占ってくれた女性、道を教えてくれた少年、カイラス山の巡礼地に住む女性達、謎の呪術師、ジョンと名乗るファンタジー世界を見せてくれた男性、3人のおばあさん、ハートエネルギーの効果を教えてくれたグレコ、渥美清さん、妻のお義母さん、京都祇園のTさん、そして私のガイド達。

これらの人達は私の意識の産物かもしれませんが、想定外の素晴らしい経験をさせてくれました。私がここで言いたいことは、非物質世界ではできる限り先入観を取り除き、その体験に身を委ねることで様々な体験できるということです。皆さんと交流できる日を心待ちにしている非物質の存在が大勢いると思います。是非、夢体脱に挑戦してみてください。

## 自分でコントロールできない「思いこみ」を利用する方法

人間は生まれてから多くの「信念」を植え付けられ、自分の中で真実として熟成させています。そして決定的な真実にまでになった「思い込み」は、簡単に消去することが難しくなります。内容は人によって違いますが、夢体脱ではその影響が直接的に反映されてきます。

私が最初に直面した問題は、空を飛ぶことでした。いつも自宅マンションのバルコニーから勢いよく飛び立つのですが、最初の頃はすぐに失速することに悩んでいました。ひどい時は何とか空中に浮いているのですが、地上を歩いている人のスピードのほうが速いほどでした。必死で平泳ぎの格好で移動するのですが、不思議そうな顔で何度も見上げられた恥ずかしい思い出があります。

飛行がうまくいかない理由は想像できます。空を飛ぶことに関する物理的な法則が、私の強い「思い込み」を支えていたからです。最初は夢中で飛んでいますが、そのうち失速してきます。なぜなら飛ぶことを維持するには、スピードとそれを支えるパワーがないと維持できない、と心のどこかでそう思い込んでいるからです。だから少しでも不安を感じると、それが具現化してあっという間に失速します。

夢体脱は意識の世界ですから自分の思い次第だと言い聞かせますが、簡単に今までの強い「思い込み」はリセットできません。さすがに途方に暮れました。自分を無理やり説得しても、心からそのことを信じないと、体験を変化させるのは難しいという事実を突き付けられました。

そこで、自分を説得することをやめて、その「思い込み」を受け入れることにしました。自分は飛行のエネルギーを維持できない、とハッキリ認めました。だったら楽しい飛行をするためにどうすればいいか。そこで、ふと思いつきました。

自分が行けないなら、向こうから来てもらえばいいのではないか。自分のパワーで飛ぼうとするから、「思い込み」に影響されることに気がつきました。だから自分はそのままで、景色のほうが自分に向かってやって来ることをイメージしてみました。飛びたい方向と目標物に照準を合わせて、目標物がこちらにやってくるように想像しました。笑いたくなるほど簡単でした。

自分の「思い込み」を受け入れて考え方を変化させるだけで、驚くような高速飛行が可能になりました。何百メートル先の対象物にも、一瞬で到達できます。その距離を移動しているという物理的感覚を伴ったままです。周囲の景色が、飛ぶように後方へと消えていきます。

この飛行と同じ要領で、達成できたことがあります。それは亡くなった人と会うこと、そしてガイドに会うことです。体外離脱を経験し始めた頃、リアルな知覚で彼らと対面をしたいと何度も挑戦していました。でも、なかなかうまくいきませんでした。Chapter:3で体験談を詳しく書きましたが、生前とてもお世話になった妻のお母さんに会うのが最大の目的でした。初めて体外離脱を経験してから何度も挑戦してきました。でも、どうしても会えません。

それは私の「思い込み」の中に、死後世界に行けるのだろうかという不安が根強くあったからだと思います。そして、その世界がどこにあるかがわからないという不安もあります。内容は違いますが、先ほどの飛行に関する障害と性質は同じです。会いたい人のことを想像すればそこにいけるという話を信じていても、どこかでブレーキをかけているのです。この「思い込み」は根深いので、かなり手ごわい相手でした。

非物質世界の広場でそのことを悩んでいる時、自分が高速飛行できるようになった過程を思い出し、それを応用することに気がつきました。

**自分が行けないなら、あちらから来てもらえばいい。**

そのことに気がつくのに、1年以上もかかりました。そして同じ要領で、私のメインガイドの飛鳥さんとも体外離脱中に会いました。空を飛ぶ程度の応用でしたら比較的簡単ですが、亡くなった人や、ガイドと会うのは向こう側から来てもらうことを意図するので、ちょっとした不安でも大きく影響します。「もしかして私に会いたくないかも」、なんて想像したらまったくダメです。私も日々練習中です。完璧にできればいいのですが、まだまだ実力不足です。

## 「思いこみ」を通じて非物質世界を体験する意義

「思い込み」や「信念」がまったく存在しないという人は、おそらくいないと思います。この世に生まれて今まで生活するなかで、両親や友人等を通じて、あるいは悲喜こもごもの自分の体験を通じて、その人独自の「思い込み」や「信念」が育っています。

夢体脱では、リアルな知覚を通してそれらの「思い込み」を体験することができます。それは体験するその人だけの独自世界ですから、非物質体験というのは実は主観的な体験なのです。ヘミシンクで共同探索という共通の体験を意図した探索がありますが、同じものを知覚しても実際は体験する人によって違った知覚となることがほとんどです。私達が体験として知覚し現実世界の記憶として残せるものは、集合意識から分離した自我を通しています。だから必ずその人のフィルターを通過します。そのフィルターを構成しているのが、「思い込み」や「信念」というものです。「自分の憧れる人がこんな体験をしているから、自分もまったく同じ体験をしたい」と考えることに、そもそも無理があります。

非物質世界の知覚は主観的なものですから、他人の方法や結果に惑わされず、自分独自のやり方で知覚すればいいと考えています。もともと正解なんてありません。大切なのは、体験したことを自分の現実の人生にどう活かしていくかです。**どんなに神秘的な体験をしても、現実の生活で活かせないと意味がありません。**

夢体脱を数多く経験することで、自分の「思い込み」の世界を現実と同じようにリアルに体験できます。そうして何度も自分の潜在意識の世界を見ている間に気づくことがあります。

それは「この現実世界は、自分が創造しているのだ」ということです。非物質世界は、自分のその時の心の状態によって、体験する世界が明確に変化します。光溢れた世界だったり、官能的な世界だったり、暗闇に包まれた恐怖と不安の世界だったり。だから熟練してくると、**自**

**分が望む世界を引き寄せることができる**ようになります。

そうして非物質世界を、創造者として体験することが自由にできるようになった時（私はまだまだですが）、現実世界も同じような仕組みに違いないという確信が心に芽生えてきます。そして経験を重ねることで、強固な現実として認識している現実世界が、私達の心次第で変化することを心の底から確信できるのではないかと思っています。

「この現実世界を、創造者として生きること」、それが夢体脱を体験していくなかで、求めるべき意義ではないかと思います。それは自分の人生を、自らが創造したものとして受け入れ、責任を持って体験していくことではないでしょうか。喜びや楽しみだけでなく、悲しみや苦しみも、自分が望んでいた体験として積極的に受け入れること。そしてそれが、そのような喜怒哀楽を超越した場所に存在する、本当の自分を発見するための入り口ではないかと感じています。

最後に私の中に根強く存在していた「思い込み」が大きく変化した例を紹介します。その「思い込み」とは、「自分の人生は、自分が体験している今のこの一つの人生しか存在しない」ということでした。普通に考えたら当たり前の感覚だと思います。

しかしある体外離脱の体験から、自分にはもしかしたら別の人生が存在するのではないかと考えるようになりました。いわゆるパラレルワールドの概念です。人間は人生を過ごしていくなかで、いつも選択をしなければいけません。恋愛や結婚、進学や就職等、あらゆる場面で複数の選択肢から貴重な人生の選択をしています。そんな選択を重ねて現在の人生を生きていますが、ふと考えることはありませんか？　もし、あの時違う選択をしていたら、と。

夢体脱の体験は非物質世界の体験です。その世界は時間にも空間にも影響されません。だから、あらゆる可能性の宝庫だと思います。もしかしたらその無限の可能性のなかに、今の私（あなた）が経験していない人生が存在しているかもしれません。そして未知の人生の一部を、今の私（あなた）の意識で体験することができるかもしれません。

”

今朝の体験はもしかしてパラレルワールドの世界に入り込んだのではないかと感じました。私がいる現実世界と似ているようで、まったく違う私がその世界に存在しているように思いました。

以前からパラレルワールドに行っているのではないかと思っていたのですが、今朝の体験で少し確信したのは、視野の左上に見えていたデジタル数字です。場所を移動する度に視野の左上に見えていた数字が変化します。3ケタから5ケタの数字がルーレットのようにくるくる回って表示されます。詳細はわかりませんが、どうもその数字がその世界の「何か」を表しているように感じました。もしかすると自分が知覚している世界が数字で表示されているのではと想像しています。つまりその数字は、複数存在する世界のヴァージョンを表しているのでは？

最初はバルコニーからいつものように飛び出しました。着地する直前の地上を確認すると商店街のような街並みでした。大きなソファを運んでいる人の邪魔をするような状態で着地しましたので、謝ってからその街を探索しました。

歩きだすとすぐにミューナ（我が家の飼い猫）が私の後方から走ってきて、右手に見えていたパン屋さんのようなお店に入って行きました。迷惑をかけてはいけないと思い、ミューナを追ってその店に入りました。店に入った瞬間、視野の左上のデジタル数字に気がつきました。783…というくらいしか覚えていませんが。店の中にいた女性の店員さんに挨拶してミューナを抱き上げました。

その時、誰かがお店に入ってきました。天使でした。それも黒い羽根を背負った天使で、超イケメンです。私とミューナを見つけて声をかけてきました。

「その猫は君の猫かい？　その猫はとても素晴らしい意識存在の猫だよ。大切にしなさい」

と言って微笑みながらその天使は店を出て行きました。

その時、ミューナが私の隙を見てその店から脱走。道路の向かい側で不思議な動物と遊んでいます。猿とナマケモノを足したような見たことのない動物です。

店の女性にお礼を言って店を飛び出したらまた数字が変化します。ミューナを見失ったので、仕方なく喫茶店を見つけて入りました。その喫茶店に入るとまた数字が変化します。コーヒーを注文して飲んでいました。かなり美味しいコーヒーでした。店を出ようと伝票を手にすると、大量の書類が一緒に私の前に置かれています。

喫茶店のマスターが、

「山中さんが君に渡して欲しいって。大切な物らしいから、すぐに取り組むように伝えてくれと言っていたよ」

とのこと。山中さん？　それって誰？　まったく心当たりがありません。でも、周囲の人達は私をよく知っているようです。

お店を出ようとするとお金を払うように言われました。

〈えぇ！　非物質世界なのにお金がいるの〉と思いましたが仕方なく値段をマスターに聞きました。

「220円」

安～。今時どんなカフェでもこの値段でコーヒーを飲めませんね。なぜだかポケットにあった財布からお金を出して払いました。

すると、マスターが、

「おい、お前の息子が朝から半日この店に入り浸りだぞ。大丈夫なのか?」

と言われました。

えっ、息子って。どういうこと?

その時にここはパラレルワールドで、私が20代の時に流産して生まれてこなかった子供がいる世界なのではないかと思ったのです。マスターが指さした方向を見ると、若者がたむろしているテーブルがあります。どんな顔をした、どんな雰囲気の子供なのか興味津々。でも、見るのが怖いという気持ちもあります。どうしよう。しばらく考えましたが、結局会わずに帰ることにしました。

マスターに「息子の面倒を見てやってください」とお願いしてその店を出ました。とても複雑な不思議な気分でした。

その後ミューナを探しましたがまったく行方不明でしたので、ほったらかして身体に戻りました。こんな時は非物質の世界は便利ですね。

”

という体験談です。この体験以降、パラレルワールド的な体外離脱体験が増えました。私のなかの「思い込み」のブロックが外れたからだと思います。どんな人でも様々な「思い込み」

を持っていると思います。それはそれで必要だからでしょう。でも、そんな「思い込み」を思いきって手放してみると、想像もしていなかった世界を知ることができるかもしれません。

## 体験を長持ちさせるコツ

夢体脱を経験するようになると、ある悩みに直面します。おそらくほとんどの人が同じ悩みを感じると思います。

**どうしてこんなにすぐに意識が身体に戻ってしまうのだろう？**
**どうすれば、もっと長い時間体験が続くのだろう？**

ここでは、体験を長持ちさせるコツについて説明します。

物質世界の意識が非物質世界の意識の「集合点」と共鳴した時、リアルだと感じていた世界が物質世界から非物質世界へ移行します。けれども知覚している主体が現実世界の意識なので、私達の記憶として体験を残すことができます。しかし一番の問題は、現実世界の意識の「集合点」が肉体と強く結び付いていることです。

本来は物質世界に属する意識なので、すぐにあるべき場所に戻ろうとします。夢体脱を経験された方なら、その独特の感覚をよくわかっていただけると思います。例えば夢を見ている時はまったく揺らぐことのなかった夢の世界が、夢だと自覚して完璧な明晰夢になった瞬間から揺らぎ始めます。知覚している意識は肉体に属するので、本来の場所に帰ろうとするからです。

よく体外離脱をしたら二度と現実世界に戻ってこられないのではないかと心配する方がいますが、ムダな心配だということは経験するとわかります。逆にどれだけ長い間その世界にいたいと踏ん張っても、あっという間に戻ってしまってガッカリすることの連続です。

そうなることを防ぐため、私が利用している長期滞在のコツをいくつか紹介しましょう。

## その1 できる限り客観的に自分を見て、感情を強く働かせないこと

例えば体験中に驚くと、あっという間に身体に戻ります。会いたいと思っていた亡くなった人やガイドに会っても、喜び過ぎると一瞬で身体に戻ります。性的な興奮も同様です。つまり肉体においても生理的な反応が起きるので身体に戻りやすくなります。

感情の動きが身体に影響を与えることは、医学的にも証明されています。心臓がドキドキしたり、ストレスで血液の成分が変化したり、血圧に異常が出たり、ホルモンにも影響が出ます。だからどんな出来事に遭遇しても、できる限り客観的になって対処するのがコツです。自分の体験をテレビで見ているかのように、実況中継するような感覚で知覚していると体験が長く続きます。

## その2　自分の手をじっと見る

これは明晰夢を見るために潜在意識に刷り込みをする時に使った方法と同じやり方です。でも、これは最も効果のある方法だと思います。特に体外離脱の初期の頃、不安定な知覚を安定させるのに絶大な効果があります。

遠くの景色に焦点を合わせていると、意識を維持できなくて身体に戻りやすくなります。おそらく注意が散漫になるからでしょう。そこでまず自分の手をしっかり見ます。指の本数が違っていても驚かないでください。足りなければすぐに出てきますし、多ければラッキーと思っておけばいいですから。そうして近くのものにフォーカスしていると、少しずつ知覚が安定してきます。何度も手を見ている間に、周囲が明るくなって一気に視界が拡がるのを体験できます。夢体脱の体験の途中で視界が揺らいだり、飛行中に意識が維持できなくなったりした時も、すぐに手を見つめます。それだけでかなり長時間の体験が可能になると思います。

## その3　身近なものに手を触れる

これもかなり効果的な方法です。とりあえずその世界のものに触れてください。壁でも、地面でも、植物でも、動物でも、人間でもかまいません。視界が安定せず見えにくくなったり、知覚している世界が揺らぎ始めたりしたら、とにかく身近なものを触ってください。夢体脱を体験している時は、視覚が弱くても触覚はかなり敏感です。見えなくても、手さぐりでものを触りながら視覚を安定させることができます。

人間は現実生活で触れることのできるものは、実体があるという「信念」があります。自分の手で触れることのできるものを、これは存在しないと感じる人はいません。だから逆に、非物質世界で触覚を使うことによってその「信念」を利用できます。触れるものは実在していると意識は思い込んでいますから、触っている間にその世界がリアルな世界だと確信できます。そうすると知覚が安定して、その体験が長続きします。

## その4　誰かを探して会話する

これは人が近くにいる時に効果があります。どんなつまらない質問でもいいですから、何か声をかけてください。そこの地名を聞いてもいいですし、会いたい人のいる場所を尋ねてもいいです。とりあえず会話に集中することで、余計な感情が働くことを防ぎ、知覚を安定させることができます。ただし会話の内容によっては、感情が大きく動いて身体に戻ることもあります。非物質界の住人たちは、想定外の回答を返してくるものだと思っておいてください。どんな言葉が返ってきても、心の準備ができていれば大丈夫です。

## その5　意味不明な行動をする

逆立ちでも前転や後転でもいいですから、意味不明な行動も体験を持続させます。特定の意味を持たない行動は意識を一時的に解放するので、知覚が安定することがあります。パソコンやスマートフォンの再起動のようなものだと考えてください。かなりイレギュラーな方法ですが、意外と効果があります。

夢体脱は不安定な意識状態になるのが普通です。でも、少し工夫することで少しでも長くその世界で明確な意識を保ち、予想外の体験やメッセージを受け取ることができます。そして、亡くなった人やガイドとリアルに交流することができます。根気は必要ですが、トライしてみる価値はあります。

さて、ここまで紹介した5つのコツには、ある共通項があります。

その共通項とは、意識が**「今この瞬間」**に存在しているということです。非物質世界は時間のない世界です。過去や未来という感覚は、この物質世界だけにしか存在しません。ということは過去や未来という物質世界独自の時間概念を持つことは、物質世界とのつながりを強めることになり、意識が物質世界に戻ってしまう原因になるように思います。だからこそ非物質世界での体験を長持ちさせるためには、「今この瞬間」に存在することが必要だと感じています。

## 好奇心や向上心等の目的意識を持つこと

体外離脱を体験した最初の頃は、好奇心と向上心の塊でした。どうすれば亡くなった人に会えるか、ガイドに会えるかという課題を設定して、切磋琢磨していました。でもそんなふうに人と違って特別だという意識が芽生えると、好奇心や向上心はかすんできます。謙虚な気持ちで努力しなくなってしまうのです。

大切なのは**目的意識を持ち続ける**ことです。自分がこの体験から何を学びたいのか？　自分の人生にどう活かしていきたいのか？　それを常に問い続ける必要があります。そうしないと、体験も進歩も止まってしまいます。一歩先へ進もうとするなら、意識改革が必要です。そのためにも、目的意識が大切だと思うのです。そして最も大切なことは、**自分の人生にこの体験をどのように活かしていくか**ということです。

では現実の人生がどうなれば、その体験が活かされていると言えるのか？　その指標となるのは、「自分の人生をかけて、どれだけの存在に愛を注げたか」ということだと思います。人生を終えてあちらの世界に帰った時、自慢できるお土産はいろいろあるでしょう。もちろんそのお土産は、現実世界での地位や財産ではありません。あちらの世界に持って行けるお土産は、「人生でのかけがえのない体験」です。愛し愛され、憎み憎まれ、許し許され、殺し殺され等の、自分だけの体験です。

そして何よりのお土産は、**「自分がどれだけ他の存在を愛することができたのか」**だと思います。自分がどれだけの愛を、この世界で表現できたかどうか。あらゆる困難な状況にも関わらず愛を表現できた人は、あちらの世界でその愛に迎えられるのでしょう。そのための非物質体験だと思います。そのことを忘れずに、これからも体験を重ねていきたいと思っています。

## まとめ

- 潜在意識下にある「恐怖」の感情は表面化しやすい
- 自分の隠された思いを知ることで、現実世界をよりよくできる
- 「思い込み」から解放されるには、ときには体験に身を委ねる
- 発想を逆転させてみよう

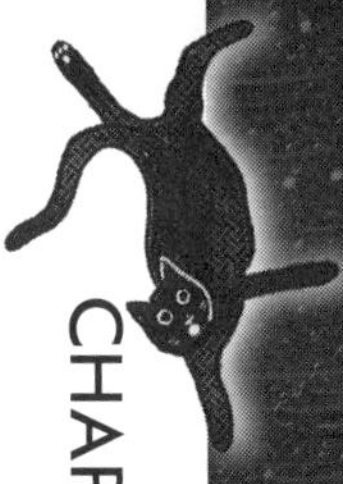

CHAPTER:7

# 非物質世界の住人達との交流

## モンローさんを探す旅

ここからは夢体脱の楽しさを疑似体験していただけたらと思います。

現実世界で家族や友人達との触れ合いが人生を豊かにするように、非物質世界でも生涯の思い出となるような出会いや感動が待っています。私も夢体脱の体験を重ねて多くの存在と出会うことにより、驚いたり、笑ったり、感動で涙したりと、さまざまな経験をしてきました。

このような非物質世界の住人達との交流は、個人的で主観的な体験です。体験する人によって出会う存在は違うでしょうし、その内容も異なります。しかし、心で感じる感動や愛は共通していると思いますので、ご自分の非物質世界での感動的な出会いを想像してみてください。

最初に登場するのはヘミシンクに敬意を表しまして、創始者のロバート・モンローさんです。これまでヘミシンク関連の書籍が多数出版されていますが、著者の体験談でモンローさんとの非物質世界での交流がよく書かれています。よし、それなら夢体脱でもモンローさんに会えるのではないかと思い立ち、モンローさんを探す旅を始めました。

しかし結論から言うと、ニアミスはあっても会えませんでした。けれどもモンローさんを探す過程で様々な人達と出会いましたので、そんな交流の一部を紹介します。

”

またまた変な遊びを始めました。何か楽しみがないとモチベーションを維持できない体質でして。体外離脱でモンローさんに会うことに挑戦してみました。

ヘミシンクをしているなら、わざわざ体外離脱してモンローさんに会う必要なんてないじゃないかとお思いの方、その通りです。私もヘミシンク中にモンローさんとの対話に何度かトライしました。会話をしたという体験もあります。それでは何故体外離脱でそんなことをするのか？　その答えは、「面白そうだから！」です。体外離脱中のリアルな意識で、現実世界で会うように会話してみたいと思いました。ついでに何か質問できればと。

というわけで今朝の体外離脱で早速挑戦してみました。体外離脱に成功しましたが、最初知覚は悪い状況でした。少しずつ手探りで寝室からバルコニーへ移動して、空を飛びながら知覚が安定するのを待ちました。

しばらくすると地上の景色がくっきりと見えて、夕暮れ時の太陽光も確認できました。今日は現代世界の普通の街並みです。どこかに人がいないかと探しながらあちこち飛んでいました。

すると3つの大きなビルが見えました。それぞれの屋上で人の姿が見えます。どれにしようかと迷いましたが、直感で左端のビルを選びました。屋上に着地すると、そこにいた日本人の家族連れに声をかけました。父親らしき男性に挨拶をして質問をしてみました。

「モンローさんがどこにいるかご存じですか?」

「モンローさん?」

「そうです、ロバート・モンローさんです!」

「ああ、知っていますよ。このビルでパーティーに参加されています」

と答えてくれました。いきなり直球の返事だったので驚きましたが、その男性にパーティー会場まで案内してもらいました。屋上すぐ下の部屋で、とても広い場所です。たくさんの人がいます。ほとんどが外国人です。誰かに声をかけようと会場を見渡しました。近くのテーブルで楽しそうに会話をしている数人の男女を見かけたので、声をかけました。

「すいません、モンローさんはどこにいらっしゃいますか？」

すると、中央にいたタキシード姿の男性が周囲を見回してから答えてくれました。

「ああ、ボブなら今までここにいたよ。でも、何か忘れたらしく部屋に取りに戻ったよ」

「部屋はどこですか？」

と聞きました。するとその男性が丁寧に説明してくれました。パーティー会場の一つ下の階でした。お礼を言って、部屋に向かうことにしました。

モンローさんに会えるかと思うと、ドキドキしてきました。何を質問しようかと考えるだけで、かなり興奮してきました。意識が戻る危ない兆候です。なんとか踏みとどまって部屋を探し始めた時、現実世界の足元で寝ていた猫がモゾモゾと動き出しました。意識がそこで途切れてしまい、身体に戻ってしまいました。結局会えずに終わった第1回でした。

“

自分の潜在意識と遊んでいるだけかもしれませんが、面白いのでまた挑戦してみます。

というような体験です。この体験がモンローさんを探し始めた最初の体外離脱体験です。次はモンローさんを探しながら予想外の展開になってしまった体験です。

”

体外離脱スランプも脱出できたようで、今日は久しぶりにモンローさんを探しに行きました。いつものように朝の瞑想をして、6時頃再度ベッドに入りました。

リラックスしながら体外離脱の前兆を待っていましたが、なかなかやってきません。このままだと体外離脱できずに終了しそうなので、パターンを変えました。私の体外離脱の前兆で最初に感じるのは耳鳴りです。〝ゴォ〜〟という独特な音が頭の中で響きます。これを待っていても仕方ないのでこちらからの攻めに転じることにしました。

自分の頭の中でこの〝ゴォ〜〟という音をイメージします。電波の同調と同じように共鳴させて、その周波数を呼び出せないかと思いました。しばらくするとイメージ通りにその音を呼び出せました。

相変わらず猫が足に乗っているので、まず足からの体脱を意識しました。いつも上半身が上手く抜けても足を抜く時に苦労することがあります。両足からエネルギー体を抜いて、そのまま後転するように一回転して、身体から無事に抜け出しました。大成功です！

すぐにバルコニーに向かいましたがトラブル発生。自分の身体がイビキをかきだしたようで、喉の振動を感じます。物理的な身体の感覚はないのですが、イビキの振動を感じます。以前風邪をひいている時も同じ経験がありました。このままでは妻か猫が目を覚ますと思い、必死で身体に向けて呼吸を整えるようにイメージしました。バルコニーで立ったまま頑張っていると、どうにかイビキが止まりました。第1関門通過です。

早速空中に飛び出して、空を散歩しながら人のいる場所を探しました。しばらくすると大きなプールが見えてきました。ズームして見てみると、幼稚園児のような子供が20〜30人と保母さんらしき女性が2人います。

その場所でモンローさんのことを聞いてみようと思いました。プールに着地するとその女性2人がニコニコと笑顔で迎えてくれました。超美人の2人です。近づいてみると、水着姿だと思いましたが2人ともトップレスです。ナイスバディのトップレス姿の女性2人に囲まれてしまいました。ここで一緒に遊びましょうよ、という雰囲気を感じます。

心の中で葛藤がありました。え〜い！　このままどうにでもなれ、とも思いましたが、ギリギリで踏ん張りました。やっぱりモンローさんを探すぞ。第2関門突破です。

「ロバート・モンローさんをご存じですか？　お会いしたいのですけれど」

とその女性達に言いました。

すると2人とも〈な〜んだ、つまらな〜い〉というような表情に変わりまして、

「モンローさんに会いたいそうよ」

とプールの奥にある、バーのような所に向かって大きな声で誰かを呼んでくれました。

奥から外国人の男性がこちらに向かってきました。一瞬モンローさんかなぁと思いましたが、近づくと40代くらいの男性でした。名刺を渡されました。体外離脱中の世界の人から名刺をもらったのは初めてです。

「ジョン・ブリューワー」か「ジョン・ビューイック」のどちらかでした。英語で書かれていましたが、忘れてしまいました。とにかくジョンは間違いないので、ジョンと呼ぶことにしました。

私　「ロバート・モンローさんをご存じですか？」

ジョン　「この世界で、彼を知らない人はいないよ」

私　「どこに行けば会えますか？」

ジョン　「彼は今、『ウスズム』にいるよ。そこで何か調べ物をしているらしいよ」

私　「『ウスズム』って何ですか、どこですか？」

ジョン　「『ウスズム』は『ウスズム』だよ！」

私　「どうすれば、その『ウスズム』に行けますか？」

ジョン　「こちらの世界では簡単だよ。その場所を頭で想像すればいいだけだ」

私　「そんな行ったことも聞いたこともない場所なんて想像できませんよ。お願いですから連れて行ってください！」

と何度も頼みました。

するとジョンは後ろにいたもう一人の男性と、内緒話を始めました。そして、

「仕方がないな。連れて行ってやるよ」

と言ってくれました。

「俺の肩に、しっかりつかまりな」

と言われたので、ジョンの背後に回り、彼の肩に抱きつきました。すると突然ものすごい力でどこかに飛ばされているような感覚がやって来ました。周囲の景色がすべて飛び去っていくような印象です。ハリーポッターの映画で、ダンブルドア先生とハリーが2人で瞬間移動をするシーンがありますが、まさにあのような状況です。

少しスピードが落ちると、アメリカの郊外の様な風景が見えてきました。英語で書かれた看板があちこちに見えます。しばらく行くと、大きな立て看板が見えてきました。そこには「USUZUM」と大きく書かれていまして、その下に英語で注意書きが書かれています。

ジョン　「さあ、ここが『ウスズム』だよ。あっそうだ。大事なことを言うのを忘れていた」

私　「え～、何ですか？」

ジョン　「この先は普通の世界ではない。簡単に言えば魔法の世界だ。君のように生きている人間が意識を持ったままこの世界に入ると、君のエネルギー体に刻印がされる。そうすると現実世界に戻っても、君はこの世界の住人にマークされることになる。その覚悟ができているか？」

そう言われた瞬間、心の中で何かが閃きました。この場所を知っているのです。過去に何度も来たことがあるように感じました。とても懐かしい感覚です。ここで様々な冒険をしたような印象を感じます。その思いに取りつかれて、モンローさんのことは忘れていました。どうしてもこの世界に行きたくなりました。

「ええ、どんな覚悟もできています」

とジョンに答えました。するとジョンが私の手を引いて、その看板を超えました。一瞬で周囲の空気が変わるのがわかりました。目の前にはまっすぐな登り坂が見えます。左右は深い森のようです。

その森の中から白い動物が飛び出しました。ユニコーンです。なんて美しい生き物なのでしょう！

上空にも何か気配を感じました。見上げるとそこには、火を吐きながら空を飛びまわる数匹のドラゴンがいました。凄い迫力です。鳴き声も聞こえます!

そこで、意識が身体に戻りました。もっとあの世界を探索したかった。ファンタジー好きな私の意識の現われでしょうが、とても楽しい世界でした。どうやらモンローさんをネタにして、あちこちと連れまわされているような気がしてきました。モンローさんには会えるのでしょうか。

“

というような奇想天外な体験でした。とっても楽しかったですよ。結局モンローさんには体外離脱で会えませんでしたが、ジョンと出会えて楽しい思い出ができました。今でもジョンはあのバーにいるのでしょうか。それにしても「ウスズム」って何でしょう? いまだにわかりません。

## 寅さんに会った

非物質世界でいろいろな存在と会いましたが、著名人はこの方だけだと思います。寅さんこと渥美清さんです。私は特に寅さんのファンというわけではありません。友人に熱狂的なファンがいるので、よく『男はつらいよ』の映画に付き合わされた経験があるくらいです。それでもテレビで放送している映画を何となく見ていたりしますので、寅さんというキャラクターの雰囲気や面白さは知っています。そんな渥美清さんに会った明晰夢の体験談を紹介します。

”

瞑想を終了して今朝6時頃にベッドに戻ってから眠れないので、体外離脱でもしようとトライしていました。何度か前兆を感じて抜けかけたのですが、うまくいかなくてあきらめました。

でも変性意識状態であったらしく、中途半端な状態でヴィジョンが始まりました。体外離脱というよりは明晰夢に近い状態です。ですから自分の意識はハッキリと自覚していて、知覚も現実世界のようです。

歩道のないアスファルトの道を歩いていました。時々自動車が私の横をかすめます。先日からよく体験しているSF世界ではなく、現在の日本という印象です。何か面白いものがないかブラブラと散歩をしていました。

しばらく歩いていると前方に人の姿が見えてきました。会話するチャンスだと思い走って追いつき、声をかけました。振り向いた姿を見ると、なんと映画の寅さんそのままの衣装を着た渥美清さんでした。ビックリしましたが、笑顔でこちらを見ているので話しかけました。

「こんにちは、渥美さんですよね？」

「そうだよ。この姿だとよく判るだろう？」

そう渥美さんが言った途端、寅さんの衣装が変化して普通の紺色のスーツ姿になりました。

「あれっ、君の身体はまだ向こうにあるんだね」

と渥美さん。

「そうなんです、意識だけこちらにきています。よくわかりましたね」

「こちらの世界の住人には、すぐにわかるよ。君のように意識を持って来ている人は少ないし、特に目立つからね」

「ここで、何をされているのですか？」

と訊きました。

「やっぱり旅が好きで、いろんな所を旅しているんだ」

「こちらの世界に来られた感想はいかかですか？」

「思っていたより素晴らしいよ。来てよかったと心から思っている。君も楽しみにしていればいいよ」

「私はもうしばらく、向こうにいたいですが」

「ところで君のような意識状態だと、こちらの世界が突然見えにくくなることが多いだろう?」

と渥美さん。

「ええ、そうなんです。結構苦労しています」

「せっかくだからコツを教えてあげよう。一番大切なのは『想像力』だ。ここではすべてが『想像力』で作られているからね。しっかり想像することがポイントだよ」

と渥美さんが言いました。

というような会話をしながらしばらく散歩した後、意識が身体に戻りました。なぜ寅さんなのかわかりません。私の脳はどうなっているのでしょうか? ただの妄想? それとも本当の渥美清さん? どちらにしても、楽しい経験でした。

“

今思い出しても楽しい体験でした。渥美さんと出会った場所の様子もはっきり覚えています。

この頃は体外離脱や明晰夢での体験時間が短くて悩んでいる時でしたので、本当に適切なアドバイスをいただけたと思っています。この体験で遭遇した存在が本物の渥美さんの意識体なのかどうかはわかりません。また、それを証明しようという気持ちもありません。私のガイドが姿を変えてアドバイスをしれくれたのかもしれませんが、渥美さんご本人に会ったと思っているほうが楽しいですから。この後、もう一度夢体脱の体験で渥美さんと会っています。その時は私と一度会ったことを覚えておられたようで、気さくに声をかけてくださいました。

また、いつかお会いしたいと思っています。

## 妖精達が作ったデザート

続いてはファンタジーの世界を紹介しましょう。夢体脱を体験していると、いったいここはどこなのだろう？　という世界に迷い込むことがあります。現実世界で身につけてきた常識では有り得ないような不思議な世界に行くことがあります。そして、そこの住人達が私のことを見知らぬ異邦人としてではなく、昔からの知り合いとして接してきます。そんな不思議な体験談です。

今朝は久しぶりに体外離脱に成功しました。ヴィジョン体験に魅了されていたり、寝落ちの連続だったりで、9日ぶりくらいの体外離脱です。

でも苦労しました。睡魔との闘いになり、今日こそは体外離脱するのだという意地の勝利でした。それでもベッドに戻ったのが6時頃で、体外離脱に成功したのは7時頃。ほとんど1時間近く格闘していました。涼しくなって布団にもぐっているのが気持ちいいですから、睡魔の誘惑は強力でした。

体外離脱に成功してバルコニーまで移動しました。今日の知覚は万全です。バルコニーからの景色もしっかり見えます。久しぶりなので、確実にガラス戸をエネルギー体で抜けたことを確認してからジャンプしました。時々あまり確認せずに飛ぶ時がありますので、もし現実世界だったら転落するので大変です。

しばらく飛んでいると大きな街が見えてきました。豪邸街が見えますが、緑の多い美しい景色です。道路を眺めていると、多くの車で賑わっています。よく観察すると見たことのない車ばかりです。変なデザインや宇宙船のような車も走っています。

なんとかこの街の場所を特定できるものを探そうと目を凝らしていると、広告が塗装されたトラックのような車が数台やってきました。近くの上空に浮かんでそこに書かれている文字を必死で見たのですが、どこの国の言葉かわかりません。アルファベットに似ていますが、どこか微妙に違う見たことのない文字です。宣伝されている商品もいったい何だかよくわからないものです。多分食品だと思いますが。

そうしていると、突然私のエネルギー体が引っ張られるように移動しました。自分でコントロールできずに、どこかに連れて行かれます。周囲の景色がビデオの早送りのように変化して、気がつくと可愛い家の前に立っていました。目の前に5歳くらいの金髪の女の子がいます。

「ず〜っと、待っていたのよ。やっと来てくれたのね」

そう言って私の手を引き、その家の中に連れて行きました。ガラス戸に映る私の姿を見ると、私も5歳くらいの外国人の男の子です。この体験中はその女の子が誰だかわかっていました。でも身体に戻った瞬間、誰だったかまったくわからなくなりました。

家の奥に入ると年配の男性と女性がにこやかに私達2人を迎えてくれました。その男性と女性はその少女の大切な友人だそうです。男性は白い髭をはやした優しい瞳の人で、名前はテオと言いました。

「テオ、やっと私の大切な友達をこの世界に連れて来たわ。あなたに会ってほしくて連れて来たのよ」

とその女の子。

「ようこそ。今日はご馳走をしますから、ゆっくりしてくださいね」

とテオさんが言いました。テオさんの奥さんが運んできてくれたのは、見たことのない野菜が入っているサラダでした。玉ねぎのスライスによく似た野菜が印象的でした。恐る恐る食べてみましたが、想像をはるかに超える美味しさでした。

この世界ではお肉は食べないそうです。だから、このサラダが最高のおもてなしだとのこと。全身の細胞が喜んで幸せになれる味でした。

「テオ、デザートはいつものよね?」

と女の子。テオさんはニコニコ顔でうなずきました。

女の子は私に向かって、

「テオはね妖精と友達なの。だからテオのデザートはいつも妖精達が作ってくれるデザートなの。とっても素敵な気分になる、最高のデザートよ」

と言いました。

テオさんが持ってきたのは、ロールケーキのようなお菓子にキラキラ光る銀色の粉がたくさんのっているものでした。見ているだけで、ワクワクしてきます。

あぁ、でもここで意識が維持できなくなりました。身体にあっという間に戻ってしまいました。あ~、あのケーキを食べたかったぁ。

“

という不思議なものでした。意識が戻った時はケーキを食べられなかったのが残念で本当にがっかりしていました。でもこの体験には、現実世界で後日談があります。2日後に私のハイアーセルフからのメッセージを感じる出来事がありました。その時の体験談です。

”

今日の午前中のことです。妻と待ち合わせをしていましたが、時間が30分ほどあったのでスーパーのフードコートでコーヒーを飲んでいました。その時間で瞑想の練習をしようと始めた途端の出来事です。突然、ハートのあたりがモゾモゾし始めました。そして、何か温かいものがハートに侵入してきたのを感じます。すると突然、わけもわからず涙が出そうになってきました。人がたくさんいるので恥ずかしいと思い、何とかこらえているとメッセージが聞こえてきました。

あなたが人生で体験することは、あなたがどういった存在でありたいかで変化します。自由にあなたの人生を創造しなさい！　何を体験するかはすべてあなたに任されています。聖者になってこちらの世界に戻ってきたら、私はあなたを最高の愛で抱きしめて迎えるでしょう。犯罪人と呼ばれてこちらの世界に戻ってきても、私は同じ最高の愛であなたを抱きしめて迎えます。

あなたがどんな人生の体験をしようと、私はいつでも最高の愛であなたを抱きしめて迎えるでしょう。だから今のままでいいのです。何かになろうとする必要はありません。望むなら、そうすればいいだけです。

あなたのたった一つの使命。それは人生を生きることだけです。あなたという存在だけで私は満たされるのです。思う存分に生きて、思う存分に経験しなさい。そして胸を張って帰ってきなさい。

今のままでいい。そう言ってもらえただけで、ここのところ消えそうだった自己肯定感が息を吹き返しました。自分の全てを肯定してもらえる言葉を耳にして、どうしても涙が止まりません。たくさんの人がいるにも関わらず、涙がポロポロ流れてきました。

その後散髪に行きまして、帰りに以前から気になっていた洋菓子屋さんに寄りました。

一度覗いてみたかったお店です。妻はモンブランが大好物なのでチョイスして、もう一つは私の食べるケーキを適当に注文して帰りました。

オヤツの時間に箱からケーキを出しました。買った時はほとんど無意識で選んだのですが、私のために買ったケーキは小さな生チョコのロールケーキでした。よく見ると銀色のキラキラが白いクリームの上で光っています。

あっ、これって！　私はしばらく自分の目を疑いました。目の前にあるのは、一昨日の体外離脱の時に食べ損ねた、妖精が作ったデザートとまったく同じです。体外離脱の続きを現実世界で経験しているようでした。今まで食べたことのないくらい美味しいケーキで、思わずテオさんの笑顔を思い出しました。妖精達か、それともテオさんのプレゼントでしょうか？　とても幸せな気分の午後でした。

“

現実世界でそっくりのケーキを食べられたという体験でした。心に響くメッセージと共にやってきたケーキは、きっと妖精達のプレゼントなのでしょう。そう思っているほうが楽しいですから。だから私はファンタジーが大好きなのです。

## 宇宙人達との交流

体外離脱や明晰夢を体験していると、ここは明らかに地球ではないなぁと感じる場所を訪問したり、どう見ても地球人ではないと思える存在達に出会ったりします。

私が宇宙人達との交流を夢体脱で体験するのは、宇宙人やUFOという言葉に対して強い関心を抱いているためかもしれません。ある人たちから私が地球に転生する以前の星について、明確な証拠と共にその場所等を聞かされたことがあります。そんな宇宙人達との交流は夢体脱でたくさんありますが、そのうちからいくつかを紹介したいと思います。

"

螺旋階段を誰かと一緒にひたすら降りていた。1段ずつ降りるより、飛ばして降りるほうが楽だと説明しているうちに夢だと気がついた。

そのうち周りの様子が空港のような所に変わっていた。いきなり「こんにちは」と私に向かって誰かが声をかけてきた。その方向を見ると、驚いたことに一人の宇宙人らしき存在が立っていた。顔つきは全体に昆虫系の顔で、言語化できない美しさを感じた。目は異常に大きく、後頭部は後方へ尖った感じになっている。首が細く、白っぽいマントの様な衣装を着ていて、全体が銀色に輝いていた。はっきり言えばカマキリだ。だけど、どこか神々しい。

溢れるような愛情を感じて挨拶をしに行くと、優しくキスをするように顔を近づけてハグしてくれた。その瞬間女性だとわかった。同時に初めて会うのではなく、久しぶりの再会だということを確信した。そう思った瞬間、わけもわからず胸が熱くなって涙がこぼれ落ちた。

辺りには沢山の人が歩いていたが、誰も私達が見えていないようだった。その女性に話しかけてみると、家族と来たとのことで、隣に父親だという男性の宇宙人がいた。人間の顔を形どったマスクのような物をつけていて、金髪でかなりの長髪だった。その人ともハグをして挨拶した。夫も来ているとのことで紹介された。がっちりした身体に、父親同様金髪の長髪に人間顔の黒っぽいマスクをしている。ライオンが人格化したようなイメージだった。「グヮンガン」という名前に聞こえた。ハグして挨拶をした時、この人からも再会のイメージが伝わってきた。

“

自分用の明晰夢日記ですので淡々と書いていますが、実際はとても感動的な再会でした。夢を見ている最中は記憶があってその宇宙人達が誰で、私とどういった関係なのか理解しているのですが、目が覚めると彼らの表情や会話以外の情報はすっかり私の頭から消えています。

”

今朝の体外離脱体験です。今日は21日なので、近所のお寺の鐘が鳴る日です。毎月21日はこの鐘が気になるので体外離脱はトライしないのですが、いい練習になるかと思って今日はやってみました。

ミューナと共に起きて朝の瞑想が6時前に終了。一緒にベッドに戻りました。もう寺の鐘は5時半頃から断続的に鳴っています。ベッドで意識を集中し始めると「ヨイショ体操」(我が家の近所で毎朝行なわれる体操です)が始まったので、終了まで呼吸を整えながら待ちました。そして終了後、一気に変性意識に入るよう意図しました。

何度か大きな鐘の音が聞こえましたが、とにかく呼吸に意識を集中します。そして前兆が起こりかけた段階で、ピークに達する前に体外離脱に成功しました。しかしやはり浅い。視覚がかなり悪いので、手探りでリビングからバルコニーまで出ました。

そこで、自分の手をしっかり見つめます。こうしていると、だんだん視覚が戻ってきます。この手は白いエネルギー体で見えることもありますし、普通の手に見えても指の本数が違っていることもあります。今日は普通の手のままで知覚できました。

視覚が戻った段階で、空中に飛び出しました。しかし、ポツポツと何か身体にあたります。雨でした。今朝の現実世界は晴れていましたので、当然雨は降っていません。雨の体外離脱飛行は、かなり久しぶりです。身体が冷えてきました。

よく見ると、地上にはうっすらと雪が残っています。雨はやがてみぞれに変わり、少し寒くなってきました。この時点で、どうやら普通ではない場所に来たのがわかりました。

降りられそうな場所を探すと、小さな学校のような建物が見えました。

子供達がたくさんいます。そこへ空から降りると、子供達が一斉に拍手で迎えてくれました。見た目は日本人の子供達です。年齢は小学校1年から4年生くらいの印象です。お昼の時間だったみたいで、教室や校庭でお弁当を食べていました。

とても美味しそうなお弁当を皆が食べていたので、思わずつまみ食いしたくなりましたが、何とか踏みとどまりました。先生らしき大人の男性がこちらにやってきました。

「ようこそお越しくださいました。お待ちしていました。子供達にあなたの世界の話をしてやってくださいますか？」

と言われました。

何のことやらさっぱりわかりませんが、とにかく引き受けることにしました。教室の中に案内されましたが、よく見るとどこか不思議な空間です。机は見たこともない幾何学模様で、教室の壁も言葉で説明できない不思議な色合いです。どう考えても地球ではないような気がしました。でも、そこにいる子供達はまったく普通です。

先生に紹介されて、教壇に立ちました。そして自己紹介です。

「私は地球という星から来ました」

と第一声を発すると、「うぉぉ」という子供達の歓声が上がって、外で弁当を食べていた子供達も先を争って教室に入ってきました。そこで私の意識が維持できなくなってきました。

そうして、しばらく気を失ったようです。

気がつくと、教室の隅っこに寝かされていました。心配そうに私の顔を覗きこむ少年の姿がありました。日本人と西洋人のミックスのような顔立ちです。私と一緒に横になっていました。

「ねえ、ねえ。オジサンの星にはどうやったら行けるの?」

とその子が聞きました。

「夢を見ている時に夢だと気がついたら、自由にどこの世界でも行けるよ。あるいは今のオジサンのように、身体を抜け出しても来られるかな」

と答えると、満面の笑顔でうなずいていました。ここでまた意識を失い、身体に戻ってしまいました。

“

とても素朴な雰囲気で、また行ってみたいと思わせるような場所でした。地球という言葉を子供達が知っていたのには驚きました。私に話しかけてくれた少年はとてもキュートな男の子でした。また、会いたいなぁ。

最後は明晰夢でＵＦＯに乗った体験です。なかなかリアルで楽しかったです。

”

今朝は面白い明晰夢を見ました。今月はＵＦＯに乗るのが目標ですが、意識集中前のアファメーションで、「体外離脱あるいは明晰夢の意識状態で……」という文言を追加しています。そのアファメーションの後半部分が影響したのかも。宇宙船に乗っている夢を見ていました。その夢を見た段階ですぐに夢だと気がつきました。

明晰夢なのでリアルな宇宙船です。白っぽい部屋ですが、意外に狭い空間でした。座り心地の良いソファに腰かけています。ＵＦＯを操縦している存在達とは、私の頭の中で

「声」が聞こえていて、コミュニケーションは取れます。でも姿はまったく見えません。しかし常に語りかけてくれていて、詳しく解説してくれます。

意図的に姿が見えないようにブロックされている印象でした。そして驚いたことに、人間以外に猫が乗船していました。基本的に黒と白の柄の猫ですが、頭のあたりの不思議な文字のような模様が印象的で、それぞれ猫ごとに違う模様です。大人の猫と子猫合わせて、全部で12~13匹いました。その中に我が家のミューナの姿もありました。

夜明け直後の外の景色が見えています。前方にスクリーンのようなものがあって、外の様子がわかるのですが、飛びながらそこに映る景色は360度自由に映せるようです。だから自分が座っている宇宙船の床下の景色も、そのまま見ることが可能です。言葉でうまく説明できませんが。

最初は四国の上空を飛んでいました。頭に直接「声」が解説をしてくれるので、どこを飛んでいるかがわかります。かなりの低空飛行でスリル満点です。明晰夢なので現実世界と変わらない感覚で楽しめます。遊園地の絶叫マシーンより遥かに面白い。

九州の上空をあっという間に過ぎて、沖縄方面に向かいました。海の上に軍艦が見えています。解説ではアメリカ軍のものだそうです。激突しそうなくらいギリギリの低空飛行で船の上を通過。大砲やレーダーの様子までリアルに見えました。沖縄の海が見えていましたが、西に向かって飛んだせいか、日没が迫り暗くなってきました。

するとと頭の中の「声」が緊急情報を出しました。

「今から、ドイツに向かいます。小型の無人偵察機が故障して不時着したので回収の応援要請がありました」

とのこと。少し振動を感じた後、あっという間にドイツに着きました。外は深夜なのか真っ暗です。郊外の街ですが、古い建物の裏の路地に着陸です。

「一緒に降りて手伝ってください」

とその「声」に言われたので、私は大喜び。憧れのヨーロッパ初上陸です。でもそこは誰もいない暗い路地なので、あまり感激しませんでした。小さな機械の破片が散らばっているので、回収を手伝いました。グレーのスーツを着た男性が2人立っています。頭の「声」に聞いてみると、「現地係員」とのこと。人間にまぎれて地上で暮らしているそうです。回収はあっという間に終了しました。

その破片を宇宙船に積み込んで終了。その時、同乗していた猫達が脱走しているのを発見しました。慌てて私とその男性現地係員の3人で猫集めです。集めた猫を一人の男性が数えていました。

「一匹足らない」

もう一人の男性が後ろのほうで大声を出していました。

「ここに大きな黒猫を見つけた!」

それは我が家のミューナでした。慌ててミューナを抱きかかえて宇宙船に戻った時に目が覚めました。

明らかに夢ですので、話半分で読んでください。でも明晰夢だったので、とてもリアルで楽しい体験でした。上空を飛ぶ時のスピード感は言葉にできないほど爽快でした。

“

これはスリル満点の明晰夢でした。我が家のミューナが登場するのが、何となく夢っぽいのでリアリティに欠けますね。でも体験自体は忘れられない素晴らしいものでした。「声」だけの宇宙人でしたが、今度会う時は姿を見せてくれるかもしれません。

## ナイトスクールの仲間達との交流

このナイトスクールについては様々な体験談があります。ナイトスクールのエピソードだけで、相当量の文章が書けるほどです。このナイトスクールを体験している時は、ほとんどが明晰夢の状態です。しかし普通の明晰夢と違って少し変則的な明晰夢で体験することが多いのです。私はその明晰夢を「半明晰夢」と勝手に名づけています。

**「半明晰夢」とは、はっきり夢だとわかっているけれども自分の意志でその夢をコントロールできない状態の夢**です。夢だと認識しているので現実世界の意識が存在していますが、同時に夢世界の意識も混在しています。だからその夢の世界でしか認知されていない記憶を、現在の自分の記憶と同じように理解している状態です。

例えば現実世界ではまったく知らない人なのに、会話している相手がクラスメイトだとか教師だとかを知っていて、それまでの私との関係も把握しています。残念ながら目が覚めると、その貴重な記憶が欠落していることがほとんどですが。

この「半明晰夢」の状態を私は意図的に経験させられているそうです。アルさんの話によると、完璧な明晰夢で体験すると意識が肉体に戻ってしまったり、私がその体験を変化させてしまったりするので、大切な授業が台無しになるそうです。だから私がコントロールできない程度の意識状態で、かつ夢だと認識しながら体験をさせているとのことでした。

そんなナイトスクールで思い出に残っている授業やエピソードをいくつか紹介します。

さて、今朝の明晰夢です。最初はいつものナイトスクールで何かのワークをしていました。生徒は20人くらい。教師は見たことのない女性でした。ワークの詳しい内容は記憶にありません。でも、そこで大事件が。

教師から何かをするように言われた私がブチ切れました。まったく知らない内容で、かつやりたくないと感じることを強制されたので、反抗的な態度になりました。それでも執拗にやるように言われたので、ついに爆発。私は強制されるのが大嫌いです。

女性教師に罵詈雑言を浴びせて、その場を離れました。周囲の生徒達は静まり返っています。何とも言えない重い雰囲気の中、以前に見学した温泉のある保養施設に行きました。そこの和室でしばらく一人過ごしていました。

そして何とか気力を振り絞って、学校のエントランスホールに戻りました。何となく孤独な気持ちです。その時私が歩いている先で、アルさんとその女性教師が立ち話をしているのが見えました。

あぁ、アルさんに報告されているんだぁ、と感じました。

〈きっと、アルさんに叱られるだろうな〉と思いながら足早に歩いていました。すると不思議にも2人の会話が聞こえてきます。音ではないのですが、テレパシーのように内容が頭に入ってくる感覚です。

「なかなか素晴らしい講義だった。予定通りですね」

とアルさん。

「えぇ、上手く彼の怒りの感情を引き出せたと思います。エネルギーの通過を妨げていましたからね。この授業はいつも苦労します。憎まれ役ですから。でも彼は素敵な子ですね。あんな彼が大好きですよ」

と女性教師がアルさんに答えていました。そしてアルさんがこう言いました。

「ありがとう。彼には何事も盲信しないように教えていますから。自分で納得しないことはしないようにね。そこをうまく利用していただいたようで」

私の怒りの感情を引き出すのが目的の授業だったようです。常に生徒のことを親身に考えてくれる、何て素晴らしい教師達でしょう。ハートが温かいものでいっぱいになりました。その女性教師に謝りに行こうと思った時、目が覚めてしまいました。あんなにメチャクチャに怒りの感情をぶつけて申し訳ないです。とても不思議な明晰夢でした。

目が覚めた後、いつもの瞑想をしました。そしてベッドに戻って、今朝は体外離脱を意識しました。何度か明晰夢の世界に引き込まれそうになりましたが、どうにか体外離脱の前兆をつかまえました。

そして、体外離脱（196回目）をした瞬間です。私のエネルギー体の背後に誰かがいます。最初は妻が何か言っているのかと思いました。意識をそちらに向けると、

「あっ！　そのまま身体から意識を外してね」

と女性の声。

「何をしているのですか？」

「この2～3日、いろいろあったからエネルギーの調整をします。少し身体を揺すりますよ」

すると体外離脱したエネルギー体ではなく、肉体の身体が内側からつかまれて揺さぶられているのがわかりました。押したり引いたりと身体が前後するのがわかります。

「はい、終了！　お疲れさま」

の声でその女性が誰だかわかりました。あの女性教師でした。意識が身体に戻ってから、またまた感動。素敵な教師達に囲まれて、私は幸せものです。

ナイトスクールにはこんな素敵な教師がたくさんいます。ホテルのような宿泊施設やレストランもあります。いろいろな国籍の人が参加していますのでグローバルな世界です。

ナイトスクールでの明晰夢体験です。今回は私一人の課外授業でした。特別講師の男性がいました。大柄の外国人男性で、名前はフレデリックと言います。年齢は私と同じくらいの50歳前後。ハンチング帽のような、ユニークな帽子がトレードマークです。

いつ頃かは知りませんが、フレデリックは最近亡くなったとのこと。一人息子で父親と2人暮らしでした。その父親の夢の世界で、親子の再会に立ち会うのが今回の課題です。

フレデリックが、

「父は私が死んだ悲しみのあまり、今まで現実を受け入れられなかった。その状態だと私の死を認めていないので、父の夢の意識に私が同調できない。しかし、ようやく父が私の死を受け入れ始めたので、今ならアクセスできると思う」

と、これからやることを説明してくれました。

「それでは、今ならあなたとお父さんが再会できるのですね。どのようにしてお父さんの夢の意識と同調するのですか?」

私が訊くと、フレデリックはこう答えました。

「それは簡単だよ。父のことを思い出すだけでいい。彼の心が私の死を受け入れて、こちらの世界に思いが拡がっていれば簡単につながるよ。だって家族だからね」

私は意識を集中して、そのまま体験をしていればいいとのことです。彼がお父さんの意識にアクセスして、それがどのような印象なのかを体験させてもらえるそうです。

お父さんの姿が見えてきました。かなり高齢の男性です。後ろ姿がとても悲しそう。自分の子供を先に見送るほど辛いことはないですね。しばらくフレデリックの姿が見えていましたが、突然彼の姿が消えました。見えているのはお父さんの姿だけです。先ほどフレデリックと話していた世界と違った風景です。フレデリックのお父さんの夢の意識に入ったように感じました。

古いヨーロッパの街並みに沿うようにして曇り空が広がっています。今にも雨が降りそうです。お父さんはこの場所をよく知っているようです。どんどん歩いていきますので、私も後を追いかけました。

商店街がある人通りの多い道に出ました。その街のメインストリートのように感じました。歩道に呆然と立っているお父さんがいます。そして道路をはさんだ向かい側の歩道に、トレードマークの帽子を被ったフレデリックが満面の笑顔で立っています。その姿を見たお父さんは、大勢の人を押しのけるようにして向かい側の歩道まで走りました。〈信じられない〉という表情で息子のフレデリックを見ています。そして2人はハグしました。

長年の苦労を物語る深く刻まれたお父さんの顔のしわに、大粒の涙が流れていきます。そばで見ている私も、思わずもらい泣きしてしまいました。何かを語り合った2人は、またそれぞれ来た道を戻りました。そこで私が見ている世界もまた消えました。最初のようにフレデリックが立っています。フレデリックが言いました。

「ありがとう。立ち会ってくれて。父の現実の記憶ではただの夢でしかないが、これでいつでも父の意識とつながることができるよ！」

私もフレデリックにお礼を言って別れました。とても素敵な課外授業でした。妻はよく亡くなった母の夢を見ると言っています。でもそれは、ただの夢ではないことがよくわかりました。そのことを実感させてもらえた、素敵な明晰夢体験でした。

“

このフレデリックにはその後会っていませんが、今では自由にお父さんの夢の中で交流しているのでしょう。たかが夢、されど夢です。夢の世界は奥深いです。最後にアルさんの授業風景を紹介しましょう。すこし変わった授業でしたので、今でもはっきりと覚えています。

今朝はアルさんが登場しました。ナイトスクールの明晰夢はほぼ毎日体験していますが、アルさんと会うのは久しぶりです。

アルさんが

「珍しいものを発見したから、見に来なさい」

とクラスメイトに声をかけていました。皆で一緒に校舎の外に出ました。美しい川が流れている場所でした。

川岸の手前に小さな水溜りができています。そこに珍しい生物がいるそうです。白っぽい、小さな卵のようなものがたくさん見えました。

「よく見ているんだよ。今、孵化するから」

とアルさんが言いました。

小さな卵が変化して、何か生き物が動き出しました。よく見ると蜘蛛にソックリです。子供の蜘蛛のような生物がたくさん発生して、水溜りの中を動き回っています。手を水溜りに入れると、私の手の甲をモゾモゾと動いています。少しくすぐったいですが、とても可愛い生き物でした。そして、その集団が少しずつ固まりを作りだしました。

いくつかのグループに分かれて、水溜りから土の上に上がってきました。興味深く見ていると、それぞれのグループが土の中にもぐっていきます。そして、その場所から驚くものが……。

緑の茎が見えたかと思うとスルスルッと伸びていき、大きな蕾《つぼみ》をいくつもつけました。そしてあっという間にその蕾が開きます。

水仙のような、白い可憐な花が咲きました。その可愛いこと、美しいこと。その感動を言葉では正確に伝えられません。昆虫のような生物が、こんな美しい花になるなんて。

「これは、昆虫であるけれど植物でもある。とても不思議な珍しい生物だよ」

とアルさん。

「実はこの生物はメッセージを持っている。地中の地殻変動を感じると、植物として存在している根が地上に卵を産む。そしてこうして花を咲かせて、地中の危険を教えている。つまり地震の発生をメッセージとして伝えている」

と言って、アルさんは意味ありげに私の顔を見つめました。さらにこう続けました。

「皆が現在肉体を持って暮らしているそれぞれの星でも、同じようなメッセージを受け取ることができる。その星によって違うけれども、植物や動物達が大切なメッセージを伝えることがある。耳を澄ましなさい。自然の言葉を聞きなさい。すべてが一つだと感じることで、大きな愛を受け取ることができるよ」

この後もアルさんは、その生物に関して説明を続けました。ところが、その後の説明を私はよく聞いていません。実は私の前に座っていた黒人の後輩がいたずら好きで、私を笑わせようとしたり、くすぐろうとしたりして、まったくアルさんの話が聞けません。笑いをこらえながら何度もアルさんの話を聞こうとしましたが、結局そのまま解散になってしまいました。

仕方ないので、そのままその後輩と川で泳いで遊びました。重力が弱いのか、ジャンプして川に飛び込むと50ｍくらいは飛んでいきます。でも、競争してもその後輩には負けませんでした。一応、現実世界では元水泳部です。その後、美人の教師に注意されて川から上がりました。しかしあの黒人の後輩は一体何者？　とにかく直観的に後輩だとわかっただけで、それ以外の情報は持ち帰れていません。面白いヤツでした。

“
東北の震災直後のことでしたから、このような明晰夢を見たのかもしれません。どうしても震災のことが心から離れませんでしたから。アルさんはとても優しい先生です。最高の教師でガイドだと思います。この黒人の後輩とはその後会っていません。いまだに誰だかよくわかりませんが、これからの人生で会うかもしれません。

## ゼロは私の未来生？

ここまででも十分に交流の雰囲気をイメージしていただけたと思います。しかし、もう一人だけどうしても避けることのできない存在がいます。それは私が「ゼロ」と呼んでいる女性です。具体的な星の名前はわかりませんが、彼女はその星に住む生命体として私に接触してきました。見た目は10代後半の女性です。本当は私より年上だと思うのですが、地球と時間の感覚が違うのでおそらく桁違いの年齢差だと感じています。

ゼロとの初めての出会いは２０１０年2月の明晰夢でした。その時は彼女の素性もわからないので、明晰夢で会った謎の女性というだけでした。そのちょうど1年後から再び接触が始まりました。定かではありませんが、その時にゼロが私の未来生だと直感しました。それから一時期交信が途絶えましたが、現在は復活しています。このあたりの事情についてはChapter:9で詳しく説明します。

ゼロとの交信は２０１１年の夏までは明晰夢が中心でした。ナイトスクールと同じように「半明晰夢」の状態で交流していました。現在ではガイドのように日常でも私と意識を交流させることができます。こうして原稿を書いている今でも、ゼロの存在をすぐ近くに感じることができます。まずゼロとの出会いと再会の様子を紹介したいと思います。

見たことのないマンションだが、そこに住んでいるのがわかった。前に大きな湖のようなものがあって、そばには川が流れている。私は出かけようと思ったが、ミューナがその湖で泳いでいるのが見えた。心配なので私も一緒に泳いだ。

いろんな魚がいたようだがそのうち大きな影が見えた。ガメラ（大映が1965年に公開した特撮映画に登場する架空の巨大な亀の怪獣。空を飛び口から火を吐く）のような大きな亀にひと回り小さな亀が背中に乗っている。それが大きな波を立てて、こちらに迫ってきた。あわてて逃げようとしたが、そこで夢だと気がついた。けれども夢の世界を自由にコントロールができないのを感じた。

とりあえず出かけようと思ったが、ゴミを出し忘れたのに気がついてもう一度部屋に戻ろうとエレベーターに乗った。やはり現在の意識では知らないマンションだ。中に入ると若い女性が乗っていた。僕の顔を見て

「久しぶり、元気だった」

と声をかけてきた。

その女性は、突然エレベーターの機械を無理やり操作して動きを止めてしまった。私の顔のすぐそばまできて、

「以前は心配をかけてごめんね。本当に悪気はなかったのよ。あなたが好きだから、かまってほしくてやったことよ」

と言っていきなりハグ。あまりの大胆さにビックリ。

一旦エレベーターを降りたが、場所が違って知らない商店街が見えたので、もう一度エレベーターに乗った。彼女がとても可愛く思えた。ようやく7階に到着して私はエレベーターを降りたが、その子もドアを出て一目散に走って私から逃げた。階段を上って追いかけたが見失ってしまった。

“

これがゼロとの最初の出会いです。まだこの時は可憐で可愛い雰囲気ですが、平気でエレベーターの機械を壊してしまうところはゼロの性格がそのまま出ています。かなりのじゃじゃ馬娘です。この時はなぜか私も10代後半の青年でした。ゼロと年代を合わせていたのかもしれません。

次に約1年後の再会の体験談を紹介します。この明晰夢を見る1週間ほど前に同じく明晰夢でゼロと再会していたのですが、はっきりしない再会だったのでずっと気になっていました。

”

体外離脱中の新しい実験をしたかったのですが、とても集中できないので今朝はヴィジョンを見て遊んでいました。そのうち眠ってしまったようで夢を見ていました。その夢に1年前に明晰夢で登場した美少女が現れたのです。今朝は彼女とその母親、そして父親らしき男性と私の4人でテーブルを囲んでいました。

その前からいろいろ夢を見ていたのですが、よく覚えていません。でもこの段階で夢だと気づきましたので明晰夢に移行しました。何度見ても可愛い女の子です。そして事情はよくわかりませんが、彼女に気に入られているようです。意識は完全に現実世界の私ですので、どう対応していいのかわかりませんでした。

昨年見た夢では私も10代でした。でも、今朝の私が彼女達にどのように見えているのかわかりません。10代の姿なのか、それとも現実世界の48歳なのか。

「この子のことを、どうぞよろしくお願いします」

と母親から頼まれ、続けてこう告げられました。

「ようやく、13歳になったばかりですから」

ええ！　この女の子13歳なの？　大人っぽいのでどう見ても高校生だと思っていました。明晰夢の中でも計算しましたが、私が35歳の時に生まれたことになります。彼女の名前を訊きましたが、覚えられそうにありません。地球の言葉とは思えない発音でしたし、複雑な音でしたので理解不能でした。この時点で、ここは地球ではないと感じていました。

2人で散歩に出ました。かなり長い時間歩いたと思います。途中でミュージカルのようなものが上演されていて、2人で一緒に見ました。不思議な世界観のミュージカルでした。そして、美しい公園でしばらく会話をしました。その時彼女が言いました。

「今の間に、私の部屋に来てね。いつでも鍵は開けておくから」

という問題発言です。13歳にはとても見えないですから、そんなことを言われたらドキドキしました。

「僕はね、結婚していて、奥さんがいるんだよ」

と彼女に言いました。

「もちろん知っているわ。母もよ。でも、それはこの世界のことではないでしょう？　今年の夏には私は違う星に行くの。早く帰っても2年後よ。それまでにあなたとの絆を確立しないと、もう二度と会えないかもしれない」

彼女は悲しそうにそう言いました。

何だかとても切ない気持になりました。自分の明晰夢なのに、かなり動揺しています。

「とりあえず、君が出発する夏まで時間をくれないか。それまでに返事をするから」

と答えました。その時気がつきました。彼女はホットパンツのような短いパンツ姿でした。座っている両足を見た時、オレンジ色の斑点が混ざったような不思議な肌の色をしていました。顔は日本人のよう雰囲気ですが、身体はどうも違った色合いのようです。やっぱり宇宙人？ そう思いながら彼女の太ももを凝視していたら、叱られました。

１００m以上はある長いエスカレーターに乗って、彼女をその先の駅まで送ると、見たことのない不思議な形の列車が停まっていました。そこで夢から目が覚めました。

目が覚めてからいろいろ考えていました。まぁ、ただのオジサンの夢かもしれません。でも、何か意味深なものを感じます。夢は私の脳が解釈していますから、私のフィルターを通過して変化している可能性があります。彼女が今年の夏までに私に決断を迫っているという内容は、夢の内容と違った大きな意味があるような気がしてなりません。何を決断するべきなのかはまったくわかりません。ただの夢かもしれません。でも気になります。

2年後は2013年。今の自分の決断次第では、二度と手にできないものを逃してしまうのでしょうか。やっぱり、気になるなぁ。

"

というゼロとの再会でした。先ほども書きましたがゼロとの交流は現在進行形です。ということは、私はある決断をしたということになります。

CHAPTER:8

# 「今」私が取り組んでいること

## 体外離脱から「体内離脱」へ

非物質世界の体験は、方法も内容も含めて常に進化していくものです。また、そうでないと意味がありません。だから私自身の体験方法やその内容も、常に現在進行形です。そんな私が「今」どのように夢体脱をして、どんなことに取り組んでいるかを紹介したいと思います。

まず体外離脱についてですが、離脱方法については体外離脱の前兆を体験せずに身体から抜ける方法が主流になっています。もっと正確に表現すると、身体から抜け出るという感覚がないまま、他の次元の自分の意識と共鳴することが多くなりました。自分の魂の深い部分と触れ合って共鳴している印象ですので、最近は**体外離脱というよりは「体内離脱」**だと思っています。体外離脱を初めて経験してから2年くらいは前兆を伴った体外離脱が主流でしたが、「体内離脱」の体験がかなりの頻度で増えてきました。

具体的に書くと、変性意識に入るまでは通常と同じです。心を落ち着かせ、眠りと覚醒の境界を漂います。しかしそこからが違ってきます。Chapter:5でガイドの補足説明として少しこの体験について触れましたが、前兆を感じる前に非物質世界の扉が開きます。完全に肉体の目を閉じているのに、寝室の様子がはっきりと見えます。

それはベッドで横になっている肉体からの視野と違い、自分が見たいと感じる箇所ならどこでもズームアップして知覚できます。上からでも下からでも、好きな角度で寝室を知覚できます。私の現実世界の意識の「集合点」が、非物質世界の意識の「集合点」と完璧に共鳴している状態です。そしてその視界の先にベールがかかったように白いのようなものが見えるようになります。意識の力でそのベールの向こう側に一歩踏み込むと、非物質の身体を明確に感じることができ、体外離脱の体験とまったく同じ様にその世界をリアルに感じることができます。そこの世界のものを自由に触れたり、住人達と会話したりすることができます。また同時に自身の肉体に関する物質的感覚も消滅します。

具体的にと書きましたが、かなりイメージしにくいですね。この現象は文章ではなかなか伝えられませんので、実際に体験していただかないとわからないかもしれません。このような「体内離脱」体験は、通常の体外離脱を数多く経験して非物質世界への道が太くなったことで、よりスムーズな移行方法へ進化していった結果ではないかと考えています。つまり何度も出入国している間に入国審査官と馴染みになって、顔パスでゲートを通過できるような状態です。

ガイドとの交流方法も日々変化しています。ヘミシンクを聴いていた頃からガイドとは交流していましたし、夢体脱でもガイドと交流しています。夢体脱ではリアルな知覚を伴ってガイドと接触できますので、詳細な会話や情報収集ができました。現実生活で家族や友人達と会うように触れ合い、会話ができますので、とても魅力的な交流方法でした。

しかし、最近は日常の意識状態でガイドと交流することが確実に増えています。それは言葉での会話ではなく直観的なインスピレーションとしてやり取りをします。何か悩みごとがあったり、重大な決断をしなくてはいけなかったりする時、その進路を最終的に決めるのは自分です。ガイドは決してああしなさい、こうしなさいとは言いません。けれども自分が決めた選択に対して、その印象をガイドから聞くことはできます。それは直観を通じたメッセージとして受け取ることができます。その多くは感情を通じてもたらされます。何となく嫌な雰囲気や、逆にワクワクした気分等。そんな心の声の中にガイドのメッセージが存在しています。

このようなガイドとの交流方法の変化は、私自身が自立してきた成果なのかなと感じています。以前はガイドに会うことが目標でしたし、その次は会話することが動機になります。その結果、心のどこかで**ガイドに依存している**自分を感じることがありました。それは、**ガイドという存在が最も望まない状態**です。

だからこそ体験が深まると共に、距離を置いた交流に変化してきたのでしょう。私の人生を生きるのは私であって、ガイドではありません。自分の人生の選択を受け入れて、自分自身を受け入れていく意志を表明することにより、ガイドは安心して私の心の奥深くで見守ってくれていると思います。私は今のようなガイドとの交流方法が大好きです。

どうしても私に伝えたいメッセージがある時、ガイドは違う方法を取ります。その方法は私の意識が睡眠と覚醒の境界線にいる瞬間に、ガイドが発した思考の塊でメッセージが届きます。すでに説明したように、これはモンローさんが著書で「ロート」と呼んでいたものと同じだと思います。パソコンの圧縮ファイルのようなもので、ロートを解凍し詳細なメッセージを受け取ります。長い場合は1週間ほどしてから解凍されたロートもありました。おそらく必要な時期まで解凍できないのでしょう。

私のメインガイドの飛鳥さんのメッセージもそうしてやって来ます。以下は解凍したメッセージです。彼女の専門分野は「無条件の愛」です。だからこそ、私がこの人生で学ばなければいけないことは「無条件の愛」なのでしょう。

## 飛鳥さんのメッセージ

愛することは、とても大切です。
あなたは、そのためにこの地上にやってきました。
しかし、今までの愛し方ではなく、新しい愛し方を行動に移す時期がやってきました。
あくまでもあなたの自由ですが、もうあなたの準備はできています。
愛することには、大きく分けて2つの方法があります。

人間としての「役割」を通じて表現する愛。
人間としての「役割」を超越して表現する愛。

今までのあなたは、人間として演じている「役割」に基づいて愛を表現してきました。父として、母として、妻として、夫として、恋人として、友人として、それらを学ぶことは、大切な経験です。いくつもの過去生を通じて、あらゆる愛を経験してきました。
それらはとても必要で大切な経験ですが、その愛は自我を主体とした愛です。あなたの複数の人生でのアイデンティティに基づいた愛です。
自我は永遠ではなく時間と空間に縛られた存在ですから、愛もその影響を受けます。自分と対象となる人の「役割」が変化する時、愛しているがゆえに大きな困難を迎えます。

相手が一定の「役割」を演じ続けていてくれることが条件になった愛なのです。だから「役割」が変化した時、あなたの愛は、憎しみ、嫉妬、怒り等に変化します。あなたが愛していたのは、「役割」を演じていた自分であり、「役割」を演じている相手なのです。

影響を受けるのは、今生だけの「役割」とは限りません。
現在は友人や会社の同僚として関係を持つ人でも、過去では恋人だったり親子だったりします。過去の「役割」は、今でも大きな影響を持っています。それゆえ何気ないことで、それらの人に抱いていた嫉妬や怒りの感情が顔を出します。

愛を表現することは大切です。しかし状況次第で嫉妬や怒りに変化するような愛は、もう十分経験したのではないですか？

新しいステップに移行する時代が近づいています。

そして、その変化を受け入れることができるエネルギーで世界は満ちています。


人間としての「役割」を超越する愛を、この地上で体験してみませんか？

自我というアイデンティティを通した愛でなく、もっと大きなあなたから溢れる愛です。

それは、その対象となる人をありのまま受け入れることです。

相手がどのように変化しようと、揺らぐことのない愛です。

それは、ありのままの自分を受け入れることでもあります。


この愛は「無条件の愛」とも呼ばれています。

どうすればいいかは知っているはずです。あなたは、愛そのものなのですから。

それでもわからなくて道に迷ったら、植物や動物達の自然の世界に答えを求めなさい。自我の呪縛にとらわれていない彼等なら、きっと何かを教えてくれるでしょう。

このようなメッセージを時々受け取っています。

## ナイトスクールから現実世界へ

現在の私にとって、ナイトスクールの教師であるアルさんと、未来生であるゼロとの交流は欠かせないものとなっています。自分のガイドよりもひんぱんに、そして深い交流をしているように思います。そんなアルさんとゼロとの交流方法やその内容が、この数カ月で大きく変化しています。

ナイトスクールで学ぶテーマはいつも決まっていました。それは授業の内容にも表れていますし、アルさんからも直接聞きました。そのテーマは「**意識の共有**」です。

そのテーマに関して、楽しい授業をいくつも経験しています。グループのリーダーがイメージした遠足を、参加者がリーダーの意識に同調してそれを体験するという授業がありました。私がリーダー役をして大失敗をしたこともあります。私がリーダ役をした時、目的地のイメージを保てませんでした。そのうえ誰かのイメージを無意識に受信したことで、参加者を混乱させてしまいました。目的地に到着したのは私一人で、大失敗の遠足体験でした。みんな笑って済ませてくれましたけれど。

他の人の夢の意識を共有するという経験も楽しかったです。時間のない世界ですので、遠い過去の人物の意識と同調して、クラスメイトと一緒に会議に参加したことがあります。ローマの円形劇場のようなステージで、ある魂のすべての過去生を同時に芝居として見たこともあります。最も怖くて緊張したのは、肉体の死を迎えた人の意識に同調して、「死」のシミュレーションを体験したことでした。パニックを起こさないよう、私が同調したのは穏やかな死でした。それでも肺炎を患っているらしく、胸が苦しくて呼吸が途切れます。やがて完全に空気が吸えなくなりました。必死でもがいても身体は全く動きません。絶望と諦念に支配され、やがて意識が遠のくという体験でした。

なぜこのテーマなのでしょう？　そのことについてアルさんに教えてもらったことがあります。アセンションという言葉を聞かれたことがあるでしょうか？　本来は上昇、昇天という言葉の意味で使われます。スピリチュアル系の概念では私達が住むこの地球の次元上昇という意味で知られています。

地球という惑星そのものが次元上昇を経験しますので、そこに存在する人類も同じく意識の転換が必要になるという考えが一般的です。様々な説や解釈が乱れ飛んでいますので、その本質がかえって不明瞭になっているようにも感じます。私がそのアセンションについて思うところはありますが、ここでは触れないでおきます。

アルさんの説明によると、とにかく何らかの変化をこれからの人類は迎えるそうです。その変化についての詳細な内容や時期に関しては、アルさんは一言も語りませんでしたが。

アルさんによると、アセンションという概念で大切なのは人が人を思いやる心だそうです。他人の苦しみや悲しみを、自分のこととして真剣に感じられるようになることが必要だと繰り返し言っていました。自分にも自分以外の他の存在に対しても、まったく変わらない愛を抱けるかどうかだと教えてもらいました。

自分と他人、善人と悪人、敵と味方、光と闇、そういった二元論の世界に留まっている限り、アセンションは体験できません。自分という分離された意識のままでは、その枠から飛び出すことはできないそうです。もっと大きな人類としての集合意識のような場所に、自分という個性を見出すことが必要で、だからこそ「意識の共有」ということを練習しているそうです。

そして「最も大切なのは、溢れている情報に惑わされず、自分の心の声を聞くこと。本当の自分と語り合いなさい」と言われました。そんなアルさんらしいエピソードを紹介しましょう。

”

今朝は、アルさんと何度も会いました。最初に会ったのは瞑想前の明晰夢です。アルさんと一緒に階段を上《のぼ》っていました。とても幅の広い階段で、1段上るのに両手をついてよじ登らなくてはいけません。そして最上階まで上りました。

「さぁ、君もこれで45の課題をクリアしたね」

「えぇ！　そうなんですか。なんか凄いですね」

「ほぅ。何がそんなに凄いのかね？」

「いや、アルさんが課題をクリアしたって言ったから。45の課題の意味は不明ですが」

アルさんが笑いをこらえています。

「どんなことでも、誰かが言うことを真に受けてはいけない。私が言ったとしてもね。自分でどう感じて、どう理解できるか問わなければ。誰かがあなたに対して何かをクリアしたなんて言っても気にしないことだ。エゴは満足するだろうけれどね」

「なんだ、冗談だったんですね。でも、なぜ45なんです？」

「今上った階段が、たまたま45段だっただけだよ」

❝

というような会話を2人でしていました。そして宿舎内のアルさんの部屋に案内されて、そこでいろいろお話しました。個人的なことばかりですので割愛させてもらいます。

アルさんが常に言っていたのは自分で考えることでした。このエピソードは思い出深い体験です。このようなナイトスクールの体験ですが、大きな変化がありました。放課後の様子や授業以外の明晰夢は見るのですが、肝心の授業の明晰夢を見なくなったのです。アルさんの姿もすっかり見なくなったので、少し悲しい気分でした。

夏のある日、ナイトスクールのことを考えていてあることに気がつきました。もしかしたら授業の夢を見なくなったのは、学ぶことが終了したのではないか。そしてアルさんが本当に望んでいるのはこの現実世界で学んだことを実際に応用することではないかと感じたのです。

そのように感じた頃、再びアルさんとの接触が始まりました。やはり私の感じたことが正解だったようで、アルさんにも同じことを言われました。私が自分で気づくまで忍耐強く待っていてくれたようです。これからは本格的な実地訓練が始まるのでしょう。自動車の運転で言えば、仮免許が交付されて路上教習に出るようなものです。正式な運転免許の交付までは、まだまだ時間がかかりそうです。

## ゼロとの約束

現在の私が取り組んでいることについて語るためには、アルさんに続いてゼロについても触れなくてはいけません。ここでもアルさんの時と同じように、アセンションという言葉が出てきます。

私はある決断を迫られていました。ゼロに、

「今年の夏までに私との絆を確立しないと、もう会えなくなってしまう」と言われたことです。いくら明晰夢の世界とはいえ、美少女にそんなことを言われたらさすがに迷います。ゼロと彼女の両親に会ったほぼ1週間後、その言葉の意味について知ることになりました。

”

最近日記にひんぱんに登場する自称13歳の宇宙美少女。昨日の日記でも書きましたが、突然現われてハグされています。今朝の明晰夢でもその後の進展がありました。

今朝の明晰夢では彼女の家族に会いました。前回は彼女の父と母だけでしたが、今朝は妹と弟がいました。その少女本人は用事があり不在でした。川沿いのとても美しい場所です。

弟と妹の2人は子供に見えますので、長女とは年齢の離れた兄弟のようです。以前謎の美少女の名前を聞いた時、聞き取れない発音でその名前が表現されていました。でもいつまでも美少女では呼びにくいので、弟と妹に名前をもう一度聞きました。

やはり地球の言葉では理解できない音です。そこで、その意味を教えてもらえるように頼んでみました。弟が丁寧に説明してくれました。

「お姉ちゃんの名前は、オジサン（やっぱりオジサンに見えるのか）の世界の言葉だと数字の『ゼロ』という意味だよ」

あぁ、そうなのか。ということでその少女のことをゼロと呼ぶことにしました。

弟と妹が、

「オジちゃん、川で泳ぐと気持ちいいよ。泳げる？」

と聞きますので、

「泳げるよ。オジちゃんは水泳の選手だったんだよ」

と自慢気に返事して泳ぎを披露するために川に飛び込みました。とても美しい川です。水は澄んでいて、遥か遠くまで見渡せます。美しい水に誘われるように、どんどん上流まで泳いでいきました。水深がどんどん深くなります。見たことのない魚がたくさんいます。サメのような魚も泳いでいましたが、危険はなさそうでした。

かなり上流に到達した時、突然大きなエネルギーの流れに巻き込まれました。そこで見たヴィジョンがこの星の歴史の一部でした。この星は地球がこの先に迎えるであろうアセンションという現象を、既に経験している星でした。私が会っている彼等は半物質の意識体のようです。だから夢の世界の私と交流できるのでしょう。

この星のこれからの運命も受け取りました。大きなエネルギーがこの星全体を包みます。

この星は地球の時間で今年の夏頃、完全に非物質化するそうです。ゼロが「夏までに答えを欲しい」と言っていた意味がわかりました。完全に非物質化するので、私との絆を深めないと今のように夢の世界で会えなくなるという意味だったようです。

目が覚めました。私の中にインスピレーションが溢れてきました。

ここからは夢の世界を離れて完全に私の妄想かもしれません。でもゼロからのメッセージとして受け取りましたので、感じたままに書いてみます。

ゼロと私は同じ魂です。半物質の世界でしたので私は夢の世界でゼロと交流していましたが、彼女は私の未来の姿だったのです。だからこそ、あれだけ愛おしく感じたのだと思います。

彼女が部屋の鍵を開けて私を待っていると言っていたのは、私の意識とゼロの意識を共鳴させることとなのだと感じました。彼女達が既に体験した大きなエネルギーの変化の様子を、その変化の時期を迎えた同じ魂の私に伝えたいのだと思いました。

そのためにもゼロ達が完全に非物質化してしまう前に、私の意識とつながりを築きたいという提案だったと理解しました。それは私の能力に限界があるからだと思います。半物質の意識体として、少しでも肉体感覚が残っている間に私と結合しておきたいという意図でしょう。そうすることでこれからの地球に役立てることができるだろうと、ゼロや彼女の家族は考えているように思いました。だから1年前から夢の世界を通じて接触が始まったのだと解釈しました。

ここからはさらに私の妄想が膨らみます。彼女達の意図を感じました。

「この話をファンタジーの物語として残しなさい。ストレートに伝えると拒否反応を起こす人がほとんどです。スピリチュアルに興味がある人は意外に少ない。でもファンタジーならより多くの人に伝えられるから、フィクションに真実をちりばめるという方法です。そうすることで人間の潜在意識に来るべき時代のエッセンスを届けてほしい」

ゼロに返事をする方法がわかりました。私がその物語を書くという意志を具体的に表明すること。そして実際に書き始めること。それを合図にして、ゼロの意識から私の意識に一気に情報が流れ込むだろうと感じました。彼女達にとってはフィクションではなくノンフィクションなのですから。

“

この時の体験は強烈で、しばらく興奮状態で眠れませんでした。まさか、こんな展開になるとは思っていなかったので、かなり悩んだ時期もあります。それで、結局どうしたかって？

今、私のそばにゼロがいることでその答えはわかりますよね。ゼロに返事をしてから、情報のダウンロードが始まりました。いつも大量の情報が投下されるので、朝起きたらパニック寸前で書き残しているような状態です。

でも、基本的には直接的体験としてそれらの情報を受け取りますので、自分の体験として記憶に残っています。ただ相当リアルな知覚ですので、恐怖で身体がすくみ、ガタガタと震えるような体験もありました。もちろん恐ろしい体験だけでなく、ゼロの星の住人に会ったり、宇宙船にも乗せてもらったりというような、ＳＦファンタジーのような楽しい体験もありました。

❞

非物質世界からもバレンタインデーのプレゼントをもらいました。ゼロの登場でした。諸事情で詳細は省きますが、デートをしました。そして彼女が所属する宇宙船にも案内してもらいました。

驚いたのはゼロの姿。白人モデルのような大人の女性です。知覚する場所や私の意識状態によって、違う姿に見えるそうです。13歳の少女よりこの美女姿のほうがいいなぁ。

一緒に映画に行きました。地球の映画館と同じような雰囲気なのですが、各席に翻訳装置のようなものがついています。出身の星の言葉でその映画を観られるそうです。ヘッドセットのようなものをつけると、自動でその言葉を識別します。困ったのがゼロです。私に自分の星の言葉を聞かせようとして、その機械を分解し始めました。結局バラバラになってメチャクチャ。

警備員に怒られて、映画館の外に連れて行かれました。その配線を何とか元に戻そうと触っていた私まで連行されました。ゼロがあんな無茶をする女性だったとは。

結局宇宙船に強制送還されまして、映画を見損ねました。宇宙船には司令官のような男性の責任者がいましたが、ゼロの話を聞いてウンザリしている様子。私まで一緒に怒られました。

その後ゼロから私に長〜いハグ。でも、自分自身とのハグだと思うと複雑な気持ちですけれど。

それにしてもあの宇宙船、初めて見た気がしません。司令官に聞いてみたら、私が普段使っているのと同じタイプだとのこと。

普段使っている？　私はどう返事をしてよいのか困ってしまいました。

“

ゼロの性格がよく出ているエピソードです。初めて会った時もエレベーターを停止させましたからね。やっぱり彼女はじゃじゃ馬娘です。

その後夏前まで情報のダウンロードが続き、突然交信が途絶えました。予定通り、完全な非物質世界への移行が始まったようでした。ゼロの言葉によると、半物質とか完全な非物質というのは地球の言葉での概念で、簡単に言えば振動数の違いだそうです。最初にゼロと会った時の彼女達の半物質という状態は、私達の夢の世界と近い振動数だったそうです。だから緊密な情報交換ができたようです。

交信が途絶える前の初夏、ゼロから言われたことがあります。

「この物語を書くかどうかはあなたの自由意志に任されているの。でも書く気があるなら、聞いてほしいことがあるわ。この物語で最も大切なのは、それを書くあなたの意識が覚醒体験をすることよ。ほんの一瞬の体験でもいいから。そうでないと薄っぺらな、まったく何もない物語になってしまうの。あなたの覚醒された意識が、この物語の主題となるのだから」

それだけを告げて、ゼロとの連絡は途絶えました。その夏は寂しい夏でした。接触しているとうるさい女の子だなと思うのですが、いなくなるとやはり寂しく感じました。もう、会えないのかなぁとも思いました。

でも、ゼロは帰ってきました。秋の訪れと共に。でも、以前のような明晰夢での交流ではなく、ガイドと交流するような直観を通じたメッセージでやり取りをしています。そして、再会した最初のメッセージはゼロらしい内容でした。会話にすると、こんな感じです。

「約束は覚えている？　やるかやらないかは自由だけれど、やるなら時間が迫っているの。さっさと内容をまとめていくほうがいいと思うわよ」

「でも、本になるかどうかもわからないのに、焦ってもしかたないと思うけれど」

と答えました。

「そんなことはどうでもいいから、とにかくまとめなさいよ」

と強いメッセージを感じましたので、しぶしぶ資料の整理を始めました。過去の日記やゼロの星で体験したことを読み返していました。実はそんな時期に、この本の出版という嬉しいお話をいただいたのです。う〜ん、さすがに驚きました。世の中に偶然がないということを、改めて実感させられました。

## 「無条件の愛」に抱かれて

このChapterの最初に、体外離脱の前兆を伴わずに意識が自然と非物質世界へ移行する方法を紹介しました。その方法での体外離脱のなかで、忘れることのできない体験があります。

あまりに感動的で心を激しく揺さぶられましたので、自分だけの宝物にしていた体験です。

誰にも話していません。プライベートな要素が強い体験ですのでその全文を紹介できませんが、今の私が体験している最高の体外離脱を感じてみてください。

この体験談の前提として、ある出来事が続きました。体外離脱をしようとして変性意識状態になると、背後から誰かに抱きしめられる体験をするようになったのです。

その抱きしめられた時の愛のあまりの大きさに圧倒されて、私の自我が宇宙へと拡散していくような感覚を覚えます。私のメインガイドの飛鳥さんは「無条件の愛」をいつも伝えてくれていますから、最初は飛鳥さんかと思いました。でも、違うのです。抱きしめられて感じるのは、はるか遠い昔の思いを感じさせるような懐かしい感覚です。何千年も前から私と関わってきたエネルギーだと感じました。

「私を抱きしめてその大きな愛を伝えようとしているあなたは誰？」

この体験は、そんな私の問いかけに返ってきた答えでした。

”

いつものように瞑想を終了して、ベッドに戻りました。今朝は午前1時頃から眠れなくて、瞑想をする時まで起きていましたので、少し疲れを感じていました。体外離脱の前兆はとても柔らかで、ほとんど前兆がない状態で身体を抜けることができました。午前5時

40分くらいだと思います
寝室のベッドの横に立った時、いつもと雰囲気が違うのを感じました。見たことのない大きな壁が、廊下との間に存在しています。その壁を通り抜けないと、先には進めないと感じました。

身体がひっかかるようで、抜けることが難しい壁でしたが、意識を保って必死で抜けました。壁から抜け出た直後は視界が悪かったので、手探りで移動していました。少しずつ視界が開けてくると、どうやらマンションのリビングのようでした。でも我が家ではなく、見たことのないマンションでした。

前方にバルコニーが見えていましたので、ガラス戸に向かって歩き始めました。その時です！

私の左肩に、後ろから誰かの手が置かれました。少しビックリ。私の左肩に置かれた手はその人の左手で、右手は後方から私を抱きしめる様に私の右肩を抱いていました。

その瞬間に感じました。ベッドで横になって変性意識に入った時にいつも私を抱きしめる存在だということが。とても広く深い愛で、全身を心地よい圧力で包んでくれる存在です。

〈やっと、この人に会えた〉と思って胸が躍りました。

〈この人が誰なのか、今日こそわかるぞ〉とドキドキでした。

私の右手を、私の左肩に置かれた優しい手の上に重ねました。とても温かい心地よさとともに、その手の主の姿を映像で感じました。古代ギリシャ時代の過去生で関わった女性です。そう確信しましたが、振り返ることができませんでした。振り返ると意識が覚醒して、身体に戻りそうだったからです。

その女性に抱きしめられたまま、私は跪《ひざまず》いてしまいました。とても大きな愛で、全身を包まれているのがわかりました。

「○○（過去生で聞いた名前です）さんなの？」

心で、そう聞きました。

すると、左肩に置かれたその女性の手が、重ねていた私の右手を強く握り返しました。

その瞬間、私のハートが全開になったように感じました。溢れてきた感情で、圧倒されそうになりました。愛と思いやりに包まれながら、愛おしくて、幸せで、満ち足りて、でも、切なくて、悲しくて、寂しくて。

湧き上がるさまざまな感情に包みこまれ、それらが渾然一体となって表出したのが涙でした。肉体と感情が分離したようになり、止めようとしても次から次に涙が溢れます。やがて私は声をあげて泣き出しました。

耳には音楽が大きな音で流れていました。洋楽ですが、私の知らない曲でした。とても艶《つや》のある女性のボーカルで、軽快なテンポ感のある美しい曲です。何度も復唱して覚えようとしましたが、今は思い出せません。

意識が身体に戻ると、枕が私の涙でぐっしょりでした。短い時間でしたが、あんなに幸せを感じた瞬間はありません。こんな体外離脱体験は、これまでまったく経験ありません。初めてガイドの飛鳥さんに会った時よりも、何倍も感動しました。

“

私はこの時、「無条件の愛」に抱かれていたのだと思います。その愛に包まれて、すべての感情が一気に溢れ出したのでしょう。それは、言葉にできない素晴らしい体験でした。

夢体脱の体験はこの本で書いてきたように様々な体験をすることができます。亡くなった人、ガイド、そして宇宙人にさえ会うことができます。でも、もしかしたら夢体脱が到達できる究極的な体験は、このような「無条件の愛」を知ることなのではないでしょうか？

自分がいつもいつでも、その愛に包まれてきたこと、そして今この瞬間も包まれていることを知ることなのではないでしょうか？　そして、そのような体験を重ねることで、本当の自分が「無条件の愛」そのものだったことを思い出せるのかもしれません。

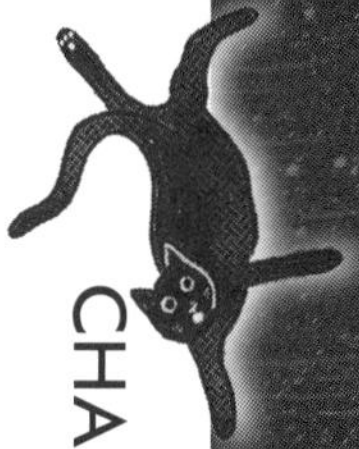

CHAPTER:9

# 出版後の地獄とそこから得たもの

## 旧著の出版後にやってきた地獄

このChapterは、本書を出版して以降のことについて記したいと思います。なぜなら夢体脱の回数を重ね、より深い経験を得た人に訪れる「光明」についてお伝えしたいからです。ただし、その道のりは平坦ではありません。

最初に書いておきますが、私は聖者でも人格者でもありません。むしろ人間失格と言ってもいいほどで、感情の赴くままこれまでの人間関係を潰してきました。

Chapter:2でも触れましたが、7歳の時に実母が家出をして生き別れとなりました。最愛の存在に見捨てられたという子供の頃の怒りと失望は、成人してからも人間関係を持続させる意欲を断ち切っていたようです。それゆえ私は実家や親戚、あるいは友人等であっても、日常的に接しない人たちとの関係を断ってしまいます。おそらく親戚からは冷たい人間と言われているはずです。

ですから本に書いている内容に関して言えば、当時の私はメッセンジャーという役割だったのでしょう。私を含めた誰かにとって必要、かつ大切なことを伝えているだけで、私自身はそれを理解して実践している人間ではありませんでした。本の内容と私との間には、目に見えない深い、深い溝がありました。その溝を埋めようとするかのように、隠されていた矛盾が本の出版と同時に一気に表面化したのです。地獄の始まりです。

初めての本が出版されるということで、私は舞い上がっていました。何が起きたのかもわからないまま出版が決まりました。

けれどもそんな状況に反比例するかのように、プライベートの人生は坂道を転げ落ちて行きました。そうなったのは誰のせいでもありません。完全な自業自得で、それまでほころびかけていたものを後先考えずに私が引き裂いた結果です。自分の本が出るということで、増長した心がその状況をさらに悪化させたのでしょう。大切な人たちの心を傷つけてしまい、自己嫌悪と自己憐憫《れんびん》の振り子を行ったり来たりしながら、自暴自棄な日々を過ごすことになりました。
具体的な地獄として表出したのは、妻との別居でした。この事実を公にするのは初めてですが、本の出版時期から2年ほど妻と離れて暮らしていました。別居のきっかけは私の裏切りです。しばらくは定住する場所もなく、ホームレスのような状況でした。自著の出版という貴重な機会を、私は台無しにしてしまいました。

著作が書店に並んだ直後は、本来なら積極的に販促活動をする時期で、実際にセミナーの企画をしてくださった方もいました。だけどそんな状況なのでキャンセルするしかありません。書店に行って、自分の本が並べられているのを漫然と見ていることしかできませんでした。今思い出しても胸が痛くなるほど後悔しています。

自ら壊してしまったものを修復することができず、引きずられるようにして人間関係までも破綻させました。以前からSNSで妻との関係を語ってきた経緯もあり、別居しているなんて誰にも言えません。だから交流していたSNSのアカウントを削除して、現実世界から逃げるかのように世間から姿を消しました。必然的にスピリチュアルの世界からも離れました。夢体脱での体験と大きく乖離した自分の現状を突きつけられたことで、スピリチュアル思想に対する不信感と曲解がそうさせたのだと思います。

編集長さんからは重版の一歩手前まで来ていると言っていただいたのに、本の売上に貢献するための余力が当時の私には皆無でした。

そんな私が次のステップへ進もうとするまで、およそ2年はかかりました。妻とやり直して自宅へ戻ることにしたのです。そこに至るまでの2年間は、本当に苦しい時期でした。自分で蒔いた種とはいえ、その果実を刈り取るたびに後悔と贖罪《しょくざい》の思いに苛まれます。その流浪の2年間をどうにか過ごしてこられたのは、ゼロとの約束を守りたいという強い思いがあったからでした。

## 果たすことができたゼロとの約束

当時の私は、精神的にボロボロの状態でしたが、私はゼロとの約束を守ろうと必死でした。スピリチュアルの表舞台から離れたとはいえ、瞑想も続けていました。

とにかく明晰夢でゼロや彼女の星の人たちと経験したことを物語にしたい。一人でも多くの人にゼロから託されたメッセージを伝えたい。その想いだけでパソコンに向かいました。

ところが物語など書いたことはありません。小説は好きでよく読んでいましたが、実際に書くとなると何から手をつけていいのかわかりません。小説としての正式な体裁さえ理解していない状態ですから、途方に暮れる毎日でした。明晰夢でゼロや、ナイトスクールのアルさんに会うことがあっても、彼女たちは何も教えてくれません。つまり著書を出版したことで、メッセンジャーとしての私の役割は終わったということです。

その時の私に求められていたのは、能動的な行動でした。夢体脱で誰かのメッセージを受け取って公開していたのは受動的な行動です。せいぜい私の感想や考えを述べる程度です。ですが物語を紡ぐということは、登場人物一人ひとりの心に能動的に寄り添い、彼らの言葉や行動を通じてそれぞれの動機を見つけ出さなければいけません。教えてもらうことに慣れていた私にとって、それは大きな意識の転換が求められる作業でした。

試行錯誤しながら書き続けているうち、私はあることに気づきました。物語の材料となるのは夢体脱で私が経験したことだけです。ゼロがインスピレーションを与えてくれることはありましたが、それは方向性を示唆してくれるだけです。だから「自分」が動き、考え、苦しみ、悩みながら文章にするしかありません。ところがその行為が、心の地獄に落ちていた私を救ってくれることになりました。

以前のような単なるメッセンジャーではなく、小説という形式をとりながらも当事者として関わっていく。そのことが少しずつ自分に癒やしをもたらしてくれることに気づきました。物語を少し書いては別居中の妻に読んでもらい感想をもらいます。また書いては、次の感想を受け取ります。そしてそれを繰り返していくうち、閉ざされていた心が解放されていくのがわかりました。

書くことも、意図を持って動くことも、自分の頭で考えることも癒やしだと気づきました。いや、生きることそのものが癒やしだったんです。そうして3部作の第1部が完成しました。問題なのはここからです。ゼロは書くことに専念すればいいと言うだけです。それ以上のことは何も言ってくれません。このまま何も行動しなければ、小説としてこの物語が世に出るとは思えません。著書の出版前に参加していたSNSは削除しましたが、どうにかブログは書き続けていました。ですからとりあえず第1部が完成したことをブログで公表しました。そうすると予想もしなかったことが起きました。

過去のSNSで交流していたある男性からメッセージが届きました。著書が出版された時もすぐに購入していただいて、Twitter に投稿してくださった方です。その男性が原稿を送って欲しいとのこと。出版できるように動きますと言う申し入れでした。それで初めて互いに本名を知らせ合うことになりました。その男性は廣瀬洋二郎さんと言い、東京で芸能事務所を経営されている方でした。著名な大手芸能事務所で敏腕マネージャーとして活躍された後、独立されたとのこと。後から知りましたが、業界では知らない人がいないほどの方だったのです。

廣瀬さんが出版社に掛け合っていただいている間、私は第2部、そして第3部の執筆を進めました。その結果ようやく『ゼロの物語』が完成しました。ところが出版不況の時代です。名もない新人の小説を出版しようとする奇特な会社はありません。ましてや3部作です。そのうえ未熟な私の文章でしたから、あきらめるしかない状況でした。

ところが廣瀬さんはあきらめませんでした。こうなったら我が社で出そう、と言ってくださりました。もちろん出版社ではありませんので、編集者がつくわけではありません。そこで廣瀬さんの右腕である岡本守さんと連絡を取り合いないながら、懸命に作業を進めました。その結果、廣瀬さんの会社であるオフィス・ニグンニイバから電子書籍として出版していただくことができました。その後に第2部、第3部も世に出すことができました。

単なるメッセンジャーとしてではなく、自らが能動的に動くこと。そしてそれをコツコツと継続することによって、ようやくゼロとの約束を果たすことができたのです。

## 私を夢体脱に導いた謎の宇宙人たち

初めての本の出版、それに続く私の地獄と『ゼロの物語』の出版。このジェットコースターのような出来事には、目に見えない黒幕が関与しています。

その黒幕とは宇宙人です。

私と妻はこの宇宙人を「ビューワーズ《Viewers》（観察者たち）」と呼んでいます。接触してきたのは20

年以上も前のことです。まだ結婚前のことでした。当時の妻はチャンネルが常時開いている状態で、妖精を見るというような不思議な体験をしていました。ある日の夜、妻は奇想天外なビジョンを体験しました。5人の外国人の男女が現れて、英語で「Are you ready?」と訊いてきたそうです。そしてあることを伝えてきました。

私と妻はNGC891という同じ銀河の出身で、目的があってこの地球に転生しているとのこと。そして地球からその銀河の距離と特徴を教えられました。翌日同じ職場だった妻は、私にそのことを少し笑いながら教えてくれました。夢のようなものだと考えていたからでしょう。そもそも私も妻も、NGCというのが銀河記号だということさえ知りませんでした。それで仕事が終わってから、面白半分で京都の四条通にある大型書店に行き、天文学のコーナーで調べてみると……。「ビューワーズ」が言った通りの銀河が存在していました。僕も妻も驚いたというより、あまりのことに怖くなった記憶があります。信じるとか信じないという議論さえできないほど、決定的な事実を突きつけられたからです。

その後も接触は続きました。阪急電車の四条河原町駅で、回送電車に乗って私たちに手を振っている「ビューワーズ」を妻は目撃しています。妻を通じて私にもメッセージを伝えてくることもあります。といっても彼らのメッセージはシンプルです。私たちに何かを求めることはありません。何かを強制することもありません。ただ私たちがスターシードだという事実を知ってほしいということです。

妻は私たちが地球に転生する前、木星の基地から二人で地球を眺めていた時のヴィジョンも見せられています。私たちが暮らしていたNGC891のどこかに存在する惑星にも、妻は「ビューワーズ」の誰かによって意識体で連れて行かれています。

妻と二人で奈良県の天河神社に行った時、南朝の黒木御所跡において、その時代に集団ウォークインがあったことを「ビューワーズ」は妻に伝えてきました。私がその時の物語を書くなら、全面的に協力するとのこと。それで完成したのが『永遠なる玉響』という小説で、この作品もオフィス・ニグンニイバさんを通じて電子書籍化していただいています。

このパターンに覚えはありませんか？　そうゼロと同じです。そこからわかることがあります。つまりゼロはNGC891という銀河のどこかの惑星（小説で私はエリュシオンと名付けています）の出身であり、私が夢体脱で遭遇したゼロの家族や友人たちは「ビューワーズ」の仲間だということです。私が初めて体外離脱を経験したのは2009年4月です。ゼロとの初対面はその後です。ですからその前から彼らは私に接触していたことになります。そして潜在意識に働きかけられたことで、こうして本を出版することになりました。

アルさんを含めたナイススクールたちの教師、そして机を並べて一緒に授業を受けていたクラスメイトたちも同郷者です。今の私はそのことを完全に確信しています。ようやく私は「ビューワーズ」の本当の気持ちを知ることができました。そして夢体脱を経験してきた真の目的も理解しました。

## 「ビューワーズ《viewers》」が教えてくれたこと　夢体脱は解脱への近道

私の人生の後半を振り返ることで、「ビューワーズ」の意図がようやく見えてきました。それは壮大な計画でした。

26年前のカミングアウトによってスターシードである自覚を私に植え付けさせる。そして自力で体外離脱を経験できるよう誘導しつつ、子供の頃から見ていた明晰夢の技術を完成させ、ナイトスクールの実態を自覚させる。初めての本の出版を通じて、大勢の人に伝えたい言葉をメッセンジャーとして書かせる。その後に用意されていたのは、その本に書かれていることを現実世界で私に実践させること。そして今ここ、というのが私の現在地です。

この現在地に至って、ようやく夢体脱を通して得られる光明を見出すことができました。それは「ビューワーズ」が26年間をかけて私に教えようとしていたことです。そして「今」この本を読んでいるあなたに対しても彼らが語っていることです。

輪廻転生という言葉をご存知でしょうか？　いわゆる生まれ変わりという概念です。私たちはこの輪廻の渦から抜け出すことができず、何度も人生を繰り返しています。輪廻から抜け出す足枷となっているのは、魂に刻み込まれるネガティブな感情です。後悔、罪悪感、絶望、嫉妬、憎しみ、怒り等、数えあげたらキリがありません。仏教ではそれらとまとめて「執着」と呼んでいます。それらの「執着」を手放さない限り、物質世界から解脱することはできません。

ところが困ったことに、生まれ変わると過去生の記憶を無くします。なぜなら自分への課題を知っていれば意味がないからです。知らずに課題をやり遂げることで、「執着」は昇華されます。

ここで思い出してください。夢体脱の世界は潜在意識が具現化された世界だということを。

夢体脱の経験を重ねていると、潜在意識に巣食っていた恐怖や怒りの感情が現象として具現化することがあります。さらに具体的な体験として知覚することがなくても、過去生から積み重ねてきた課題がある種の波動を伴い、私たちの意識を取り巻きます。わかりやすく言えば、デトックスによって毒出しするようなものです。では、その毒はどうなるのか？　夢体脱の世界から現実世界へ戻る度、それらの毒素は少しずつ解き放たれていきます。やがて一定の閾値を超えることで、解脱に必要な要素が活性化して、物質世界で一気に具現化します。

私が初めての本を出版した直後に経験した地獄は、輪廻の渦から抜け出すための課題が具現化したものだったのです。ここで忘れないで欲しいのは、地獄というのはあくまでも私の捉え方にすぎないということです。

人が抱えている課題は様々です。課題が一気に具現化しても、人によっては少しの頑張りで乗り越えられる壁かもしれません。向き合いたくないけれど、勇気を出すことで対処できることかもしれません。ただ誰にも共通して言えることがあります。

それは『引き寄せの法則』が完璧、かつ強力に機能しているということです。『引き寄せの法則』というのは、思考が自分の現実を引き寄せるというものです。しかし夢体脱で起きる引き寄せの源泉は思考ではなく、輪廻の原因となっている魂の課題です。顕在意識、さらに潜在意識に刻み込まれた課題が浮き彫りになり、現実世界において必要な出来事を引き寄せます。

もちろん夢体脱を経験しなくても、自分が抱えている課題にはいずれ向き合うことになります。それが人生の目的ですから。だけど夢体脱の回数を重ね、経験を深めていくことで、この人生で克服すべき課題を最速で引き寄せることができます。

世界の動きは日々加速しています。そのうえ、自分の人生がいつ終わるのかを知ることはできません。タイムリミットが20年後なのか、来月なのか誰にもわかりません。それゆえ、「ビューワーズ」は私に大切なことを教えてくれたのだと思います。夢体脱は、解脱への近道であると。ではその「ビューワーズ」という存在は何ものなのでしょうか？

## 「ビューワーズ」の正体とは？

「ビューワーズ」が徹底しているのは、現実世界での私の選択に一切干渉しないということです。もちろん刑務所に行くような罪を犯したことはありません。だけどもし私がそんなことをやらかしても、彼らは何も言わないでしょう。反対に誰かの命を助けるような行動をしても、あえて褒めるようなこともしないはずです。私はそこに「ビューワーズ」の真意が表れていると感じています。「ビューワーズ」は妻を通じて私のことを「ウィナー《Winner》（勝者）」と呼びました。彼らがなにゆえ私を「ウィナー」などと呼ぶのか？　そのことをずっと考えてきました。お世辞にも模範的な人生だとは言えません。そんな人間に「ウィナー」と彼らが呼ぶことは、かえって嫌味のように思えてしまいます。

ですが２０２３年を迎えて、ようやく「ビューワーズ」がなぜ私を「ウィナー」と呼んだのかが少しずつ理解できるようになりました。私は現在でもナイトスクールに通っていますが、２０２３年の節分を過ぎた頃から、施設内の食堂がやたら混雑するようになりました。食事が乗ったトレーを手にして座る場所を探さなくてはいけません。ところがいつも私のために、座る場所を用意してくれるグループがいました。その時によって男女の比率が変わったり、人種も違って見えたりします。だけどいつも５人なのです。つまり「ビューワーズ」がようやく直接的な接触を開始しました。ほぼ雑談のような会話が中心で、その内容もあまり記憶に残っていません。けれども非物質世界の存在とのコミュニケーションで紹介したように、「ロート」という思考の塊が残されていることがあります。それが少しずつ解凍されて、私の理解を深めてくれました。

「ビューワーズ」はNGC891という銀河のとある惑星の住人であり、それは『ゼロの物語』で私が記した惑星と同じです。つまり彼らはすでに惑星としての次元上昇を経験していますから、どれだけ高性能な電波望遠鏡が登場しても、その惑星を地球の私たちが見ることはできません。なぜなら存在している物理次元の波動が違うからです。

そして私もその惑星で次元上昇を体験しているようです。つまり『ゼロの物語』の出来事は未来ではなく、私の過去であると伝えられました。ゼロは私の未来生だと直感していましたが、もしかしたら過去生かもしれません。だけど時間の概念を超越している彼らにとって、未来生も過去生も同じことだと考えているように思います。

その惑星の住人にとって個人、あるいは自我というのは、私たちの想像が及ばないほど希薄です。完全なワンネスではありませんが、自分と他人の境界線がほぼ存在していません。ですから私と妻、そして「ビューワーズ」を含めた7人は、一つのチームとして構成されているそうです。もちろんNGC891だけでなく、他の銀河や惑星等から同じようなチームがこの地球に関わっていると聞かされました。私のチームである7人の個我はわずかに存在していますが、意識が完全に共有されているので同じ人間だと考えて間違いではありません。次元上昇したその惑星は、たった一つの意識を有する有機体のような存在で、鉱物、植物、動物たちが意識を共有しているとのこと。今の私には想像さえできない世界ですが。

いずれこの地球も同じ出来事を体験します。ですから先輩として宇宙から多くの存在が集まっているそうです。だけど先ほども書いたように、彼らには「自我」というものがすでに理解不能になっています。常に全体と繋がっていることを感じているので、分離した自分というのを思い出せません。

地球人はどうでしょう？　悩み事のほとんどは他人との関係です。自分は他者から分離した存在だと思い込んでいるので、他人を敵か味方かで分類します。その結果争いが絶えず、強盗や殺人が起きるだけでなく、国家間による戦争が終わることがありません。

ですから宇宙人たちが地球人をサポートするためには、忘れてしまった「自我」を復活させる必要があります。つまり地球人として転生するしかありません。全ての記憶を忘却の彼方に押しやり、宇宙の根源から切り離されたという錯覚の世界で生きなければいけません。恐ろしいのはそれが一回限りで終わらない可能性が高いということです。一つの人生で強いカルマを抱えることで、輪廻転生の世界に取り込まれてしまいます。つまり地球人としての転生をひたすら繰り返すことになります。その危険を理解してうえで転生しなくてはいけません。

ここまでくれば、「ビューワーズ」が私を「ウィナー」と呼んだ理由がわかってもらえるでしょう。7人のチームを代表して地球人として生きる決意をした。彼らにすればその行動だけで、私たちを「ウィナー」としてリスペクトしてくれているのだと思います。

夢体脱を経験すると、そこには物理法則を超えた自由な世界が待っています。ところが目が覚めて戻ってきた世界は、不自由という言葉しか当てはまりません。時間と空間に押し込められ、過去の後悔と未来への不安で頭がいっぱいになります。死を恐れ、孤独を恐れ、敵を憎みます。嫉妬に苦しみ、神や仏にすがりついて助けを求めます。その現実に気づいた時、非物質世界は人生からの逃避場所となってしまいます。現実の人生に向き合おうとしなくなってしまいます。

私が陥ったのはまさにそんな状況でした。その結果、全ての人間関係から逃げてしまいました。自由だった夢体脱の世界が、現実という不自由な世界へ私を追いやってしまいました。しかしそれは「ビューワーズ」の目論見どおりだったはずです。夢体脱という自由な世界を知ることで、不自由だと感じる地球での人生の意味を私に思い出して欲しかったからです。

不自由な世界、つまり「自我」という枠に閉じ込められるという経験は、とても希少で貴重なことです。なぜなら私たちの本質はワンネスであって、全てはひとつだからです。それを完璧に忘れることができる地球という環境から、私たちはかけがえのない貴重な体験を得ることができます。つまり「ビューワーズ」が私に望んだことは、現実の人生に真正面から向き合うことであり、私を通じて彼らが感じることのできない「分離」を経験することです。「ビューワーズ」と私は潜在意識で完全に繋がっています。だから彼らは私の人生を、自分のものとして経験します。そして地球人にとって何が必要なのかを、当事者として考えていくことができます。彼らが人生における私の選択に介入しないのは、人間であることで様々な経験をしてほしいからです。「ビューワーズ」は時間を超えた世界からこちらを見ています。彼らにとって過去、現在、そして未来は同時に起きています。つまり起きることは必ず起きるということです。それらが舞い上がるほど幸せなことであっても、絶望するほど悲しいことであっても。

この事実を知った時、私は幼い頃からずっと感じていた言い知れない孤独が氷解するのを感じました。私が悲しみにうちひしがれている時、彼らも一緒に泣いています。私が怒り狂っている時、彼らも憤慨してしまいます。私が他人と分かり合えず落ち込んでいる時、彼らも孤独の意味を感じています。そして私が嬉しくて飛び上がっている時、彼らは歓喜の渦に身を投じています。

私が夢体脱から学んだこと。それは不自由な世界である現実世界において、真の自由を見つけ出すことの重要性です。人生で起きることに抵抗せず、それらを受容していく。川の流れに逆らって船を漕ごうとするから苦しみます。流れを受け入れて行くべき場所へ向かう。なぜなら起きることは必ず起きるからです。真の自由とは、現実世界から目を背けず、起きる出来事を自分の体験として受け入れていくことだと思います。

悩み苦しんでも、ガイドたちは答えをくれません。それは夢体脱で非物質世界の存在に会うとわかります。答えがあるのは現実世界です。彼らが本当に伝えたいことは、いつもあなたを見守っているということです。そして求めれば、その想いを素直に伝えてくれます。夢体脱を経験して、ガイドたちの本音に触れてみてください。そして安心して現実世界の出来事に向き合ってください。夢体脱はそのための助けになります。そして解脱への近道です。ぜひ経験してみてください。

# おわりに

ここまで読んでいただいてありがとうございました。私のように本文より先にあとがきを読む方もいらっしゃるかもしれませんが。

くどいようですが、この場を借りてこの本で私が言いたかったことを再度書かせていただきます。まず、体外離脱や明晰夢は、誰でも体験できるということです。夢を覚えていないからといって夢を見ていないのではなく、夢体脱を体験した記憶がないからといって、体験していないわけではありません。すべての人が睡眠という身体を休息させる状態になった時、意識は多次元の身体を求めて共鳴現象を発生させています。そして、リアルにその世界を体験しています。

ただ、この現実世界にその記憶を持ち帰ることができていないだけです。持ち帰るためのコツは、「まずは楽しんで、ちょっぴり努力」です。

楽しむことは最も大切な要素です。楽しいと思えなければ、やってみたいと思いません。そのためにも本書で楽しい体験をいくつか紹介しました。まずは楽しんでください。

そして、ちょっぴりの努力や根気は必要です。スポーツジムで筋肉をつけるのと同じ要領です。少しは負荷をかけないと筋肉がつきませんし、かといって負荷をかけ過ぎると身体を痛めてしまいます。少し頑張ればやっていけるという範囲で努力と根気を重ねていく必要があります。そうすることで、私達の限界はさらに広がり、予想外の体験が待っています。

この本で言いたかったもう一つは、体験は体験にしか過ぎないということです。亡くなった人に会う、ガイドに会う、宇宙旅行をする、そうしたすばらしい体験は心が躍ります。だからこそ、そうした体験が今の自分の人生に活かされているかどうかがとても大切だと思います。私はそのことを常に自分に問い続けていたいと思っています。今の人生が一番大切だからです。

さて、新装改訂版の出版にあたって、謝辞を述べさせていただきたく思います。お世話になった方達へお礼は直接に届けるものです。だから著作にて記すべきものではないと考えています。だけど絶版になっていたこの本が復活したことは奇跡であり、私にとって筆舌に尽くしがたい喜びです。それゆえ私の人生の記念として、この場を借りて書かせていただきます。

新装改訂版の出版を決めてくださったハート出版社長の日高裕明さん。社長ご自身からメッセージをいただいたあの夜のことはいつまでも忘れません。ありがとうございました。

本書を気に入っていただいて、月刊誌 anemone にてインタビュー記事を企画してくださった編集長の中田真理亜さん。あの記事がなければ、この本の復刊はなかったはずです。この本にとって命の恩人です。ありがとうございました。

人生で最も苦しかった時期、ゼロとの約束を叶えるために奔走してくださったオフィス・ニグンニイバの廣瀬洋二郎さん、岡本守さん。お2人と出会うことがなかったら、ゼロとの約束が反故になったと思います。お2人のおかげで人生を再出発することができました。廣瀬さんは2021年に若くして他界されました。この本を直接お渡しすることはできませんが、現社長の岡本さんを通じて届けさせてください。私があちらの世界に逝ったら、お酒を酌み交わしてこの本の感想を聞かせてください。ありがとうございました。

2023年7月吉日　高羽　そら

# 参考文献


「魂の体外旅行」ロバート・A・モンロー著　日本教文社
「究極の旅」ロバート・A・モンロー著　日本教文社
「ロバート・モンロー　体外への旅：未知世界の探訪はこうして始まった！」ロバート・A・モンロー著　ハート出版
「体外離脱を試みる」ロバート・ピーターソン著　VOICE
「臨死体験を越える死後体験　Ⅰ～Ⅳ」坂本政道著　ハート出版
「ヘミシンク入門1」坂本政道、植田睦子　共著　ハート出版
「死後探索　Ⅰ～Ⅳ」ブルース・モーエン著　ハート出版
「ヘミシンク探求大全」今井泰一郎著　ハート出版
「誰でもヘミシンク」まるの日圭著　ハート出版
「体外離脱するサラリーマン」とみなが夢駆著　ハート出版
「明晰夢：夢見の技法」スティーブン・ラバージ著　春秋社
「夢学（ユメオロジー）：創造的な夢の見方と活用法」パトリシア・ガーフィールド著　白揚社
「夢の劇場：明晰夢の世界」マルコム・ゴドウィン著　青土社
「夢の修行：チベット密教の叡智」ナムカイ・ノルブ著　法蔵館
「智恵のエッセンス　ボン教のゾクチェンの教え」シャルザ・タシ・ギャルツェン著　ロボン・テンジン・ナムダク解説　森孝彦訳　春秋社
「夢見の技法―超意識への飛翔」カルロス・カスタネダ著　二見書房

著者

**高羽そら**（Sora Takaha）

1962年、京都府生まれ。子どもの頃から明晰夢を見るようになる。大学を卒業して転職を重ねながら、主に経理・財務関係の仕事に従事し、2008年に神戸に生活の拠点を移してから、体外離脱を経験するようになる。体外離脱や明晰夢の体験を記録するためにブログを始めたが、現在ではそれらの体験をもとにした物語を書き続けている。

著書に『ゼロの物語』三部作、『永遠なる玉響（たまゆら）』（ともにオフィス・ニグンニイバ）。

http://www.diamondblog.jp/official/sora_takaha/（高羽そら Blog）

# 夢体脱

令和5年 8月20日　第1刷発行

著　者　高羽そら
発行者　日高 裕明
発　行　株式会社ハート出版
〒171-0014　東京都豊島区池袋3-9-23
TEL.03(3590)6077　FAX.03(3590)6078
ハート出版 HP　https://www.810.co.jp

ISBN 978-4-8024-0161-6　C0011



印刷・製本　中央精版印刷株式会社